2025
최신개정 적용

☆ **전체 무료강의 제공!**

굿잡! 하지영쌤

직업상담사 2급

실기 기출문제

★ '필수' 기출 150선 수록!

★ 25년 출제 기준 완벽 반영!

★ 핵심 용어 풀이 법 공개!

하지영 저자

INDEX
목차

빈출 · 기본 · 기출확장

2000년부터 시작된 직업상담사 2급 2차 실기 빈출 문제와
2025년 새롭게 반영된 기본개념 예상문제를 담았습니다.
Part 1이 익숙해 지면 Part 2부터는 어떤 회차를 만나도
목표점수까지 가볍게 다가갈 수 있습니다!
Part 1 **"최다빈출로 초석다지기가 합격 Key!"**

합격 문제

기본 150 | 빈출 문제

001 ★★

정신분석상담에서 필수적 개념인 불안의 3가지 유형을 쓰고 각각에 대해 설명하시오. (6점)

1) **현실적 불안** : 자아가 현실을 지각하고 느끼는 불안이다.
2) **신경증적 불안** : 자아와 본능 간의 갈등에 의한 불안이다.
3) **도덕적 불안** : 초자아가 발달되어서 느끼는 불안이다.

002

정신분석적 상담이론에 의하면, 이성적이고 직접적인 방법으로 불안을 통제할 수 없을 때 무의식적으로 방어기제를 사용한다고 한다. 방어기제의 종류를 5가지 쓰고 예를 들어 설명하시오. (5점)

1) **억압** : 의식하는 현실이 너무 고통스러워 무의식 속으로 억눌러 버리는 것으로
   부분적 기억상실 등이 나타나는 것을 의미한다.
2) **투사** : 자기가 화가 난 것은 생각지 않고, 상대방이 자기에게 화를 냈다고 생각하는 것처럼
   자신의 심리적 속성이 타인에게 있는 것처럼 생각하고 행동하는 것을 의미한다.
3) **합리화** : 여우와 신포도의 이솝우화의 여우처럼
   자신의 행동에 그럴듯한 구실을 붙이는 것을 의미한다.
4) **퇴행** : 동생이 태어나면 형이 다시 어리광을 부리거나 대소변 실수를 하는 것처럼
   이전 발달단계로 한 단계 후퇴하는 행동을 보이는 것을 의미한다.
5) **전위(전치)** : 부부싸움 후 아이에게 화풀이 하는 행동으로
   같은 욕구를 다른 대상에게 해소하는 것을 의미한다.
6) **반동형성** : 미운 놈 떡 하나 더 준다는 속담처럼
   내면의 욕구와 정 반대로 행동하는 것을 의미한다.

003 ★★★★★

Rogers의 내담자중심 상담에 직업상담사가 갖추어야 할 3가지 기본태도를 3가지를 설명하시오.　(6점)

1) **일치성** : 상담자가 상담관계에서 느낀 감정과 태도를 솔직하게 인정하고
　　　표현하는 자세를 의미한다.
2) **무조건적 수용** : 내담자를 있는 그대로 받아 드리며 긍정적으로 존중한다.
3) **공감적 이해** : 상담자가 내담자의 입장에서 내담자를 깊게 이해하면서도,
　　　자신의 역할과 자세를 잃지 않는다.

004 ★★★

인간중심치료에서 완전히 기능하는 사람의 특성 5가지를 쓰시오.　(5점)

1) 경험에 대해 **개방적**이다.
2) **창조성**을 지닌 존재이다.
3) 경험적 **자유**를 추구한다.
4) **실존적인 삶**을 추구한다.
5) 자신의 유기체에 대한 **신뢰**가 높다.

005 ★★★★★

아들러의 개인주의 상담에서 상담의 목표 5가지를 쓰시오.　(5점)

1) **열등감**을 극복하도록 돕는다.
2) **우월감**을 추구하도록 돕는다.
3) **사회적 관심**을 갖도록 돕는다.
4) 잘못된 **동기부여**를 수정하도록 돕는다.
5) **개인의 역동성**을 탐색하도록 돕는다.

006 ★★★

아들러의 개인심리학에서 말하는 생활양식을 쓰고 설명하시오.　(4점)

1) **지배형** - 사회적 관심은 낮고, 활동수준은 높은 유형
2) **기생형** - 사회적 관심은 낮고, 활동수준은 낮은 유형
3) **도피형** - 사회적 관심과 활동수준이 모두 매우 낮은 유형
4) **사회형** - 사회적 관심과 활동수준이 모두 높은 유형
참고) 기생형 - 사회적 관심이 중간, 활동수준은 중간 유형이라고 작성시
　　　도피형 - 사회적 관심과 활동수준이 모두 낮은 유형이라고 작성하도록 함

007 ★★★

Patterson(패터슨)의 직업정보 활용의 원리 4가지를 기술하시오. (4점)

1) 상담자가 자진해서 직업정보를 제공하지 않는다.
2) 정보의 출처를 알려준 뒤 스스로 찾도록 격려한다.
3) 내담자의 정보를 조작 또는 평가하지 않는다.
4) 내담자의 태도와 감정을 자유롭게 표현할 수 있다.

008 ★★★

특성 - 요인 직업상담과 내담자중심 직업상담의 차이점 3가지를 설명하시오. (6점)

1) 특성 - 요인 직업상담은 상담자 중심이나 내담자중심 직업상담은 내담자 중심이다.
2) 특성 - 요인 직업상담은 지시적 상담이나 내담자중심 직업상담은 비지시적 상담이다.
3) 특성 - 요인 직업상담은 검사와 진단을 사용하나 내담자중심 직업상담은 검사와 진단을 꼭 필요로 하지 않는다.

009 ★★★

윌리암슨의 변별진단의 4가지 범주를 적으시오. (4점)

1) **진로 무선택** : 내담자가 진로를 선택하지 않거나 인식조차 없는 상태
2) **불확실한 선택** : 자기이해와 직업세계의 이해부족으로 선택에 확신이 없는 경우
3) **어리석은 선택** : 자신의 흥미와 적성과 관계없이 현명하지 못한 선택을 하는 경우
4) **흥미와 적성의 불일치** : 내담자의 흥미와 적성이 일치하지 않는 경우나
모순적인 선택을 하는 경우

010 ★★★

Darley(다알리)의 상담원칙 4가지를 쓰시오. (4점)

1) 거만한 태도로 말하지 않는다.
2) 상담초기에는 비교적 적은 범위로 정보를 제공한다.
3) 정보를 제공하기 전에 내담자가 진정으로 알고 싶어하는지 확인한다.
4) 상담자는 내담자의 태도를 파악하며 상담을 진행한다.

011 ★★★

보딘의 심리적 문제유형(변별진단) 5가지를 쓰고 설명하시오. (5점)

1) **의존성** : 자신의 직업문제에 대한 결정을 중요한 타인에게 의존하려 하는 것을 의미한다.
2) **정보의 부족** : 직업결정을 위한 정보가 부족하여 의사결정을 하지 못하는 것을 의미한다.
3) **자아갈등** : 진로선택시 한 자아와 다른 자아간의 내면 갈등이 일어나는 것을 의미한다.
4) **선택의 불안** : 진로선택에 있어서의 불안을 경험하는 것을 의미한다.
5) **확신의 결여** : 자신이 선택한 직업에 대해 문제가 없음에도 불구하고 확신이 부족한 것을 의미한다.

012 ★

역전이의 의미와 해결책을 쓰시오. (6점)

1) 역전이
  : 상담자가 과거에 중요한 인물에게서 느꼈던 미해결된 감정을 내담자에게 투사하는 것을 의미한다.
2) 해결책
  ① 자기분석, 교육분석을 통해 자신의 감정의 근원을 알아본다.
  ② 슈퍼 바이저 지도·감독을 통해 역전이를 알아차리고 도움을 받는다.
  ③ 다른 상담사에게 위임한다.

013 ★

게슈탈트 상담기법 3가지를 쓰고 설명하시오. (6점)

1) **욕구와 감정자각** : 지금 여기에서 자신의 욕구와 감정을 자각하게 한다.
2) **빈의자 기법** : 미해결과제의 사람이나 특정한 사람이 빈 의자에 앉아 있다고 상상하고, 하고 싶은 말과 행동을 시도함으로 내담자의 감정을 명료화 시킨다.
3) **꿈작업** : 꿈을 현실로 재현하도록 하여 꿈의 각 부분을 연기하며 동일시 해 보도록 한다.

014 ★★★★★

인지적 - 정서적 상담(REBT)의 기본개념인 ABCDEF의 의미를 쓰시오. (6점)

1) A : 선행사건 - 내담자에게 정서적 혼란을 준 사건
2) B : 신념 - 선행사건에 대한 내담자의 비합리적 신념 체계
3) C : 결과 - 내담자가 보고하는 정서적 · 행동적 결과
4) D : 논박 - 비합리적 신념에 대한 논리적이고 합리적인 논박
5) E : 효과 - 논박을 통한 비합리적 신념이 합리적인 신념으로 대체된 효과
6) F : 새로운 감정 - 합리적 신념에서 비롯된 긍정적인 새로운 감정

📝 변형 문제 - 실직 예시

김씨는 정리 해고로 인해 자신이 무가치적인 존재라고 여기고 자살을 시도하려고 한다. 김씨에 대한 엘리스의 ABCDE 모델을 설명하시오. (6점)

1) 선행사건(A) : 김씨는 정리 해고를 당했다.
2) 신념(B) : 김씨는 '세상은 무능한 사람 필요로 하지 않고,
　　　　　　　무능하기에 정리 해고 당한 나는 세상에서 필요한 존재가 아니다.'라는
　　　　　　　비합리적 신념으로 앞으로 살아갈 희망이 없다고 생각한다.
3) 결과(C) : 김씨는 자신이 무가치한 존재라고 느껴 자살을 시도하려고 한다.
4) 논박(D) : 정리해고가 인생의 끝이라는 비합리적인 신념에 대해
　　　　　　　'정리해고가 인생의 끝이 아니라는 점'을 인지할 수 있도록 논박해 나간다.
　　　　　　　'실직이 모든 면이 무능하다는 것이 아니며 오히려 전화위복의 기회가 될 수 있다'고
　　　　　　　신념을 전환 하도록 논박한다.
　　　　　　　또한 무능하여 실직된 것이 아니며, 무능하다면 어떤 부분을 보완해 나아가야는지
　　　　　　　합리적으로 논박해 나간다.
5) 효과(E) : 논박의 효과로 합리적인 신념을 통한 구직활동의 노력을 실시한다.

015 ★★★

인지 - 정서적 상담이론에서 개인을 파멸로 몰아가는 근본적 문제는 개인이 가지고 있는 비합리적 신념 때문이다. 비합리적 신념의 뿌리를 이루고 있는 3가지 당위성을 예를 포함하여 설명하시오. (6점)

1) 자신에 대한 당위성 - '자신은 반드시 성공해야 한다'는 당위성의 오류
　　　　　　　　　　　　(나는 꼭 출세를 해야 행복하다.)
2) 타인에 대한 당위성 - '타인은 반드시 나를 존중해야 한다'는 당위성의 오류
　　　　　　　　　　　　(내가 존댓말을 했을 때 타인도 존댓말을 해야 한다.)
3) 세상에 대한 당위성 - '세상은 반드시 공정해야 한다'는 당위성의 오류
　　　　　　　　　　　　(정치인은 공정하게 나라 일을 해야 한다.)

016 ★★★★★

인지적 정서적 상담기법에서의 인간에 대한 기본가정과 REBT 기본개념, 그리고 상담의 목표에 대해 설명하시오. (6점)

1) 인간에 대한 기본가정
  : 인간은 비합리적인 사고와 합리적 사고가 동시에 가능한 존재이며
   인간의 정서적 문제는 비합리적 사고에서 비롯된다.
2) 기본 개념
  : 정서적 문제해결을 위해 비합리적 사고를 합리적 사고로 전환하고자
   A(선행사건) - B(비합리적 신념) - C(결과) - D(논박) - E(효과)모형을 적용한다.
3) 상담 목표
  : 논박을 통한 합리적 신념을 획득하고 여기에서 비롯된 새로운 감정을 획득한다.
   비합리적인 신념의 수정을 통해 내담자의 문제를 해결한다.

017 ★★★★★

인지치료에서 인지적 오류 유형 4가지를 쓰고 각각 설명하시오. (4점)

1) **흑백논리**
  : '모 아니면 도'와 같은 양자택일적 사고로 중간 지점이 없는 오류
2) **과잉일반화**
  : '영어시험을 망쳐서 이번 시험은 끝났어!'와 같이
   특정 사건이나 작은 경험을 근거로 전체를 판단하는 오류
3) **개인화**
  : 객관적인 사실이나 다른 사람의 행동을 자신과 연관지어 해석하는 오류
4) **선택적 추상화**
  : 상황의 긍정적인 양상을 여과하고 극단적으로 부정적인 세부사항에 머무르는 오류
5) **자의적 해석**
  : 논리적인 과정, 합당한 증거가 없거나 그 증거가 결론에 위배됨에도 불구하고
   임의적으로 결론을 내리는 오류
6) **의미 확대 및 축소**
  : 특정 사건의 중요성을 지나치게 과장하거나, 반대로 지나치게 축소하는 오류

018 ★★★★★

인지적 명확성의 오류 5가지를 쓰시오. (5점)

1) 정보결핍
2) 고정관념
3) 경미한 정신건강
4) 심각한 정신건강
5) 외적 요인

019 ★★★

행동주의 직업상담의 상담기법을 크게 불안감소기법과 학습촉진기법으로 나누어 진다. 각 유형별 대표적 방법을 각각 3가지 쓰시오. (6점)

1) 불안감소기법
   ① **체계적 둔감법** : 근육이완훈련을 한 후 불안위계목록을 작성하고 불안을 둔감화한다.
   ② **홍수법** : 불안을 느끼는 자극을 한꺼번에 제공함으로써 불안을 감소한다.
   ③ **주장훈련** : 불안을 역제지하는 기법을 의미한다.
2) 학습촉진기법 (=적응행동 증진기법)
   ① **강화** : 내담자의 행동에 대하여 긍정적 또는 부정적 반응을 보임으로서
               내담자의 바람직한 행동의 빈도를 높인다.
   ② **대리학습** : 다른 사람들의 행동에 대해 관찰·모방하여 학습하도록 한다.
   ③ **변별학습** : 검사도구들을 사용하여 자신의 능력과 태도 등을 변별하고 비교하여 학습하도록 한다.

020 ★

체계적 둔감화의 의미를 쓰고, 3단계를 설명하시오. (5점)

1) 의미 : 상호억제원리가 바탕된 불안을 감소시키는 행동주의의 대표적인 기법이다.
2) 단계
   ① 1단계 근육이완훈련 : 근육이완훈련으로 몸의 긴장을 풀 수 있는 방법을 알려준다.
   ② 2단계 불안위계목록 작성
     : 불안을 일으키는 자극들의 목록을 작성하고, 자극들 중 불안을 가장 약하게 일으키는 것부터 시작하여
       강하게 일으키는 것으로 순서대로 배열한다.
   ③ 3단계 체계적 둔감화
     : 내담자로 하여금 이완된 상태에서 불안을 일으키는 장면을 상상하도록 유도하여 불안 위계표에 따른 불안반응을
       점차적으로 경감 혹은 제거해 나간다.

021

행동주의 상담 기법 중 내적인 행동변화를 촉진시키는 방법과 외적인 행동변화를 촉진시키는 방법 각각 3가지 쓰시오. (6점)

1) 내적인 행동변화 촉진법 : 체계적 둔감법, 인지적 모델링, 인지적 재구조화, 사고정지
2) 외적인 행동변화 촉진법 : 모델링, 역할연기, 상표제도, 주장훈련

022 ★

이성적 지시적(특성요인) 상담의 3가지 기본가정에 대해서 기술 하시오. (6점)

1) 인간은 신뢰성 있고 타당하고 측정할 수 있는 독특한 특성을 지녔으며,
   각기 독특한 심리학적 특성으로 인해 근로자는 특수한 작업유형에 잘 적응한다.
2) 내담자는 스스로의 문제를 독립적으로 해결하지 못한다.
3) 상담자는 훈련과 경험 , 다양한 정보를 가지고 있기 때문에 문제해결과 조언이 가능하다.

빈출이었으나 출제기준에서 제외

023

교류분석 상담에서 내담자를 조력하기 위해서 사용하는 분석 유형 3가지를 쓰고 설명하시오. (6점)

1) **자아구조분석** : 부모자아, 성인자아, 어린이자아의 3가지 자아로 분석한다.
2) **교류패턴분석** : 어떤 유형의 의사거래를 하고 있는지 이해하는 것으로
                상보교류, 교차교류. 이면교류로 분석한다.
3) **생활양식분석** : 생활양식 통해서 내담자를 분석하는 것으로
                자기긍정 - 타인긍정, 자기긍정 - 타인부정,
                자기부정 - 타인긍정, 자기부정 - 타인부정으로 분석한다.

024 ★★★★★

크라이티스(Crites)의 포괄적 직업상담 과정 3단계를 설명하시오. (6점)

1) **진단** : 내담자가 직업선택에서 가졌던 문제들을 진단하는 단계
2) **명료화** : 내담자의 진로문제를 직업심리검사 등을 통해 해석하는 단계
3) **문제해결** : 내담자가 문제를 확인하고 문제해결을 위한 의사결정을 실시하는 단계

025 ★★★★★

Butcher(부처)의 집단직업상담 3단계를 설명 하시오. (6점)

1) **탐색단계** : 자기개방, 흥미와 적성에 대한 탐색, 탐색결과에 대한 피드백,
　흥미와 적성의 불일치의 해결 등이 이루어지는 단계이다.
2) **전환단계** : 자기 지식을 직업세계와 연결하고,
　자신의 가치와 피드백 간의 불일치를 해결하는 단계이다.
3) **행동단계** : 목표설정을 하고
　목표달성을 촉진하기 위해 행동으로 옮기는 단계이다.

026 ★★★

톨버트가 제시한 것으로 집단직업상담에서 나타나는 5가지 활동유형을 제시하시오. (5점)

1) 자기탐색
2) 상호작용
3) 개인적 정보의 검토
4) 직업적 정보의 검토
5) 의사결정

빈출이었으나 출제기준에서 제외

027

코틀의 원형검사에서 시간 전망개입의 3가지 측면을 쓰고 각각 설명하시오. (6점)

1) **방향성** : 미래에 대한 낙관적 입장을 구성하여 <u>미래지향성을 증진</u>시킨다.
2) **변별성** : 미래를 현실처럼 느끼게 하고 <u>목표를 신속하게 설정</u>하도록 하게 한다.
3) **통합성** : 현재 행동과 미래의 결과를 연결시키고 <u>진로에 대한 인식을 증진</u>시킨다.

빈출이었으나 출제기준에서 제외

028

코틀의 원형검사 시간전망 개입에서 원의 의미, 원의 크기, 원의 배치를 설명하시오. (6점)

1) **원의 의미** : 원의 의미는 <u>과거, 현재, 미래</u>를 말한다.
2) **원의 크기** : 시간 차원에 대한 <u>상대적 친밀감</u>을 나타낸다.
3) **원의 배치** : <u>시간차원</u>들이 어떻게 연관되어 있는지를 <u>관련성</u>을 나타낸다.

029 ★★

Healy(힐리)의 긍정적으로 자기인식하고 자신감을 높이기 위한 8가지 원칙 중 5가지를 쓰시오. (5점)

1) 다양한 경험을 할 때 자기인식능력이 증가한다. (자기인식능력 = 자기인식 및 자신감)
2) 노력과 성취감을 느낄 때 자기인식 및 자신감이 증가한다.
3) 역량이 많을 때 자기인식 및 자신감이 증가한다.
4) 타인을 가르칠 때 자기인식 및 자신감이 증가한다.
5) 보조수단이 없을 때 자기인식 및 자신감이 증가한다.

030 ★★★

내담자와 관련된 정보를 수집하고 내담자의 행동을 이해하고 해석하는데 기본이 되는 상담기법 7가지 쓰시오. (7점)

① 저항감 재인식 다루기
② 분류 및 재구성하기
③ 의미 있는 질문 사용하기
④ 내담자의 변명에 초점 맞추기
⑤ 왜곡된 사고 확인하기
⑥ 근거 없는 믿음 확인하기
⑦ 가정 사용하기
⑧ 반성의 장 마련하기

031 ★★★★★

전이된 오류의 종류 3가지를 쓰고 설명하시오.

① **정보의 오류** - 실제 경험을 대충 이야기할 때 발생하는 오류
② **한계의 오류** - 자신의 경험만을 통해 판단하는 경우 발생하는 오류
　　　　　　　 (예외를 인정하지 않거나 불가능을 가정하는 것)
③ **논리적 오류** - 논리에 맞지 않는 진술을 할 때 발생하는 오류

032 ★★★★★

집단상담의 장점 3가지와 단점 3가지를 쓰시오. (6점)

1) 장점
  ① 시간적, 경제적으로 효율적이다.
  ② 개인상담에 부담을 느끼는 내담자들에게 효과적이다.
  ③ 상담자의 개인적 조언보다 동료들의 의견을 더 잘 받아들이는 경향이 있다.
2) 단점
  ① 참여자 개개인 모두에게 만족을 줄 수 없다.
  ② 개인에게 집단의 압력이 가해지면 개성이 상실될 우려가 있다.
  ③ 상담의 비밀보장이 어렵다.

033 ★★★

수퍼는 직업상담에서 이성적 측면과 정서적 측면들이 모두 다루어져야 한다고 주장하였다. 수퍼가 주장한 직업상담의 6단계를 쓰시오. (6점)

1) 문제탐색과 자아개념 묘사
2) 심층적 탐색
3) 자아수용 및 자아통찰
4) 현실검증
5) 태도와 감정의 탐색 및 처리
6) 의사결정

034 ★

흥미사정의 용도 목적 3가지 쓰시오. (6점)

1) 자기 인식의 발전시키기
2) 직업대안 규명하기
3) 여가선호와 직업선호 구분하기

035

가치사정의 용도 3가지를 쓰시오. (6점)

1) 자기 인식의 발전하기
2) 역할갈등의 근거 확인하기
3) 현재 직업 불만족 근거 확인하기

036 ★★

상호역할관계의 사정방법 3가지를 쓰시오. (6점)

① 질문으로 사정하기
② 동그라미로 역할관계 그리기
③ 생애 - 계획연습으로 전환시키기

037 ★★★★★

상담목표(goal)를 설정할 때 고려해야할 사항 4가지를 설명하시오. (6점)

1) 상담목표는 구체적이어야 한다.
2) 상담목표는 실현 가능하여야 한다.
3) 상담목표는 내담자가 바라고 원하는 것이어야 한다.
4) 상담목표는 상담자의 기술과 양립할 것을 설정하여야 한다.
5) 상담목표에는 기한 설정이 있어야 한다.

038 ★★★

Parsons(파슨스)의 특성요인 상담에서 상담자가 해야 할 일 3가지를 쓰고 설명하시오. (6점)

1) **자기분석** : 개인의 특성을 명확하게 파악 한다.
2) **직업분석** : 직업의 요건과 조건에 관한 정보를 분석 한다.
3) **합리적이고 과학적 매칭**
   : 자기분석과 직업분석을 통해 합리적이고 과학적으로 매칭한다.

039 ★★★

Ginzberg(긴즈버그)의 진로발달단계 중 현실기의 하위단계를 설명하시오. (6점)

1) **탐색 단계** : 직업선택의 다양한 가능성과 직업을 탐색하고 노력하는 단계이다.
2) **구체화 단계** : 자신의 직업목표를 구체화하고 특정직업 분야에 몰두하게 되는 단계이다.
3) **특수화 단계** : 자신의 직업결정에 대해 정교한 계획을 세우고 전문화된 의사결정을 하는 단계이다.

040 ★★★★★

로의 진로발달이론에 영향을 미친 성격이론과 직업체계분류에 대해 설명하시오. (6점)

1) 영향을 미친 성격이론
  : 매슬로우의 욕구위계이론이며, 생리적 욕구, 안전의 욕구, 소속과 애정의 욕구,
   자아존중의 욕구, 자아실현의 욕구 등이 있다.
2) 직업체계
  : 로의 직업체계는 8×6의 구조를 가진 직업체계로
   흥미에 따라 서비스직이나 기술직 등의 8개로 분류하며,
   책임과 곤란도에 따라 고급전문관리, 중급전문관리, 준전문관리,
   숙련직, 반숙련직, 비숙련직 6개로 분류한다.

041 ★★★

사회학습이론에서 크롬볼츠의 진로선택에 영향을 주는 요인을 4가지만 쓰고 설명하시오. (4점)

1) **유전적 요인과 특별한 능력** : 개인의 진로 기회에 영향을 주는 타고난 특징을 말한다.
2) **환경조건과 사건** : 환경적 상황과 여러 가지 사건들은 진로 선택에 영향을 준다.
3) **학습경험** : 개인의 강화에 의한 도구적 학습경험을 강조한다.
4) **과제접근기술** : 문제해결기술, 작업 습관 등의 문제들을 다루는 기술을 의미한다.

042 ★★★★★

스트롱 직업흥미검사의 척도를 3가지 쓰고 각각에 대해 간략히 설명하시오. (6점)

1) **일반직업분류**(GOT) : Holland의 6가지 직업 흥미 유형(RIASEC)을 측정한다.
2) **기본흥미척도**(BIS) : 30개 직업군의 특정 주제나 개인의 흥미를 측정하는 척도이다.
3) **개인특성척도**(PSS) : 피검사자의 직업 스타일, 학습스타일, 리더쉽 스타일 등에 대한 개인선호도를 측정한다.

043 ★

라자루스의 베이직 아이디 - 카드(BASIC - ID)에 대하여 설명하시오. (구점)

1) B(행동) : 강화를 통해 행동을 수정하는 방법이다.
2) A(정서) : 수용, 공감을 통해 정서적인 안정감을 갖는다.
3) S(감각) : 근육이완, 긴장이완을 통해 감각을 정상화 한다.
4) I(심상) : 마음의 변화를 통해 심상의 안정을 찾는다.
5) C(인지) : 인지적 재구성을 통해 스트레스를 해소한다.
6) I(대인관계) : 모델링을 통해 학습한다.
7) D(약물치료) : 약물치료, 운동치료를 한다.

044 ★★★★★

조직 내 스트레스 원인 3가지를 쓰고 설명하시오. (6점)

1) **과제의 특성** : 직무처리가 단조롭거나 너무 많을 때 발생하는 스트레스 유형이다.
2) **역할갈등** : 개인 간 역할갈등, 개인 내 역할갈등, 송신자 간 역할갈등, 송신자 내 역할갈등 등이 있다.
3) **역할의 모호성** : 어떤 직무를 수행해야 할지 모호할 때 발생하는 스트레스 유형이다.

045 ★★★

직장스트레스로 직장에서 발생할 수 있는 행동양식 5가지를 쓰시오. (5점)

1) 직무수행 감소
2) 직무 불만족
3) 지각 및 결근
4) 이직 및 전직
5) 직장 내 인간관계 악화

046 ★★★

수퍼의 흥미사정기법 3가지를 쓰고 설명하시오. (6점)

1) **표현된 흥미** : 어떤 활동에 대해 좋고 싫음을 간단하게 말로 표현하도록 질문한다.
2) **조작된 흥미** : 작업경험과 체험을 바탕으로 어떻게 시간을 보내는지 관찰한다.
3) **조사된 흥미** : 개인의 다양한 활동에 대한 표준화된 검사를 실시한다.

047 ★★★

내담자의 흥미를 사정하려고 할 때 사용되는 흥미사정기법을 3가지 쓰고 설명하시오. (6점)

1) **작업경험 분석** : 흥미에 관한 사정일 뿐만 아니라 내담자의 가치, 기술, 생활방식 선호도, 인생의 진로주제들, 그 밖의 직업관련 선호도 등을 규명하는데 광범위하게 사용될 수 있다.
2) **직업카드 분류** : 직업카드를 활용하여 내담자의 선호군, 비선호군의 직업흥미를 분류하고 파악한다.
3) **직업흥미검사 실시** : 홀랜드 직업선호도검사, 스트롱 직업흥미검사, 쿠더 직업흥미검사 등표준화 검사를 실시한다.

048 ★★★

틴즐리와 브래들리의 검사해석 단계 4단계를 쓰시오. (4점)

1) 해석준비하기
2) 내담자의 해석수용 준비시키기
3) 해석내용 전달하기
4) 추후 활동

📝 **유사 문제**

직업상담사는 내담자의 검사결과를 해석하기에 앞서 검사결과를 검토해야 한다. Tinsley와 Bradley가 언급한 검사결과 검토의 2단계를 쓰고 각각에 대해 설명하시오.
(=틴즐리와 브래들리의 검사 결과의 해석 전 검토의 2단계를 쓰고 설명하시오.) (4점)

1) **이해단계** : 내담자의 결과 해석에 있어서 검사결과 점수가 어떤 의미가 있는지 규준을 참조하여 충분히 이해한다.
2) **통합단계** : 이해단계를 바탕으로 얻어진 정보들과 내담자에 대해 알고 있는 다른 정보들과 검사결과를 통합한다.

049 ★★★★★

심리검사의 신뢰도에 영향을 주는 요인 5가지를 쓰시오. (5점)

1) 개인차
2) 문항 수
3) 문항 반응 수
5) 검사유형
6) 문항의 난이도

050 ★★★

검사 - 재검사의 신뢰도에 영향을 주는 요인 3가지를 쓰시오. (6점)

1) **기억요인** : 처음 측정이 재검사 점수에 영향을 미친다.
   검사요인효과, 이월효과, 연습효과라고도 불린다.
2) **성숙요인** : 측정간격이 길 때 조사대상의 특성이 변할 수 있다.
3) **역사요인** : 측정기간 중에 발생한 사건의 영향을 받을 수 있다.
4) 검사태도 및 동기의 변화가 변화하여 영향을 미칠 수 있다.

051 ★★★

척도의 종류 4가지를 쓰고 간략히 기술 하시오. (4점)

1) **명명척도** : 운동선수의 등번호와 같이 <u>이름의 차이</u>로 데이터를 단순히 분류하거나 범주화 한 척도이다.
2) **서열척도** : 학급석차와 키번호와 같이 이름의 차이 정보뿐만 아니라 데이터를 <u>순서대로</u> 배열한 척도이다.
3) **등간척도** : 온도계로 온도를 측정하는 것처럼 데이터 간의 간격이 일정하여 명명, 서열 뿐만 아니라 <u>등간</u>까지 나타내는
   척도로 절대영점이 없다.
4) **비율척도** : 길이 무게 등으로 절대영점이 있으며 명명, 서열, 등간 정보 뿐 아니라 <u>비율</u>까지도 나타내는 척도이다.

052 ★★★

심리검사의 분산도를 판단하기 위해 사용되는 기준 3가지를 쓰고 간략히 기술하시오. (6점)

1) **범위** : 최고점수에서 최저점수 간의 거리를 말한다.
2) **표준 편차** : 정규분포상에서 평균으로부터 평균적으로 떨어진 거리이다.
3) **사분위 편차** : 점수의 범위를 4등분 하고 가운데 2등분을 더하여 나눈 값이다.

053 ★★★★★

Gottfredson의 직업포부 발달이론의 발달단계를 쓰고 설명하시오. (4점)

1) **힘의 크기 지향성(3~5세)** : 외형적 관심단계로 <u>어른이 된다는 것</u>의 의미를 알게 된다.
2) **성 역할 지향성(6~8세)** : 자아개념이 <u>성의</u> 발달에 의해 영향을 받게 된다.
3) **사회적 가치 지향성(9~13세)** : <u>사회계층에</u> 대한 개념이 생기면서 자아를 인식하게 된다.
4) **내적 고유한 자아 지향성(14세~)** : 자아성찰과 사회계층의 맥락에서 <u>직업적 포부가</u> 더욱 발달하게 된다.

054 ★★★★★

홀랜드가 제시하는 6가지 직업적 성격의 특징을 기술하시오. (6점)

1) **현실형(R)** : 기계를 조작하는 활동을 좋아하나 대인관계는 부족하다.
   대표적인 직업은 기술자이다.
2) **탐구형(I)** : 연구와 탐구 활동을 좋아하나 리더십이 부족하다.
   대표적인 직업은 과학자이다.
3) **예술형(A)** : 상상력이 풍부하고 독창적이나 규범적 기술이 부족하다.
   대표적인 직업은 미술가이다.
4) **사회형(S)** : 다른 사람을 돕거나 교육 · 육성하는 일을 좋아하나 기계적인 능력이 부족하다.
   대표적인 직업은 <u>직업상담사</u>이다.
5) **진취형(E)** : 지배적, 설득적으로 남을 이끄는 리더십은 좋으나 과학적 능력이 부족하다.
   대표적인 직업은 정치가이다.
6) **관습형(C)** : 정확성과 꼼꼼함을 요구하는 직업에 적합하나 융통성과 상상력이 부족하다.
   대표적인 직업은 은행원, 사서이다.

055 ★★★★★

홀랜드의 육각형 모델과 관련된 해석 5가지를 설명 하시오. (5점)

1) **일관성** : 홀랜드의 육각형 상에서 두 흥미 코드가 인접할수록 일관성이 높다.
2) **변별성** : 각 유형의 고유한 특성을 갖는다.
3 **정체성** : 사회적 지위와 경제적 보상에 따르는 안정감을 의미한다.
4) **일치성** : 사람의 직업적 흥미와 직업 환경의 일치 여부를 본다.
5) **계측성** : 흥미나 환경 유형의 거리가 가까울수록 이론상의 관계는 높고,
   멀수록 이론상의 관계가 낮다.

056 ★★★

극대수행검사와 습관적 수행검사를 설명하고 유형 3가지와 해당하는 검사명을 쓰시오.

1) 극대수행검사는 인지적 검사로 내담자의 최대 능력을 측정하는 것을 목적으로 하며 그 유형으로는 지능검사, 적성검사, 성취도 검사가 있다. 해당하는 검사는 웩슬러 지능검사, GATB(일반적성검사). 토익(TOEIC), 수능 등이 있다.
2) 습관적 수행검사는 비인지적 검사로 내담자의 성향, 성격을 측정하여 파악하는 것을 목적으로 하며 그 유형으로는 성격검사, 흥미검사, 태도검사가 있다. 해당하는 검사는 MBTI, MMPI, 직무만족도검사, 홀랜드흥미검사 등이 있다.

검사유형	극대 수행검사 (인지적/성능/능력 검사)	습관적 수행검사 (비인지적/성향/성격 검사)
검사명	지능검사, 적성검사, 성취도검사 사고 능력검사, 인지 능력검사, 장애 진단검사	성격검사, 흥미검사, 태도검사 적응검사, 동기검사, 인지양식 검사

057 ★★★

지능검사(일반적 지적능력 검사)로 얻을 수 있는 정보(일반 학습 능력)를 쓰시오. (3점)

1) 개인의 지적 능력수준 평가
2) 개인의 인지적 특성 파악
3) 기질적 뇌손상 여부
4) 임상적 진단 명료화

058 ★★★★★

크라이티스의 진로성숙도검사(CMI)의 태도와 능력척도의 종류 3가지를 쓰시오. (3점)

1) **태도척도** - 결정성, 참여도, 독립성, 성향, 타협성
2) **능력척도** - 자기평가, 직업정보, 목표선정, 계획, 문제해결

059 ★★★

규준 (집단내 규준) 의 종류 3가지를 쓰고 설명 하시오. (6점)

1) **백분위 점수** : 개인의 상대적 위치를 백분율로 나타낸 점수
2) **표준점수** : 정규분포상에서 표준편차를 이용하여
   평균에서 얼마나 떨어져 있는지를 알 수 있는 점수
3) **표준등급(스테나인)** : 원점수를 1~9범주로 나누어 백분율에 맞추어 등급을 매긴 것

060 ★★★★★

준거 관련 타당도의 의미와 준거 관련 타당도에 속하는 타당도의 종류를 쓰고 설명하시오. (6점)

1) **준거타당도 의미** : 측정할 심리검사와 예측하고자 하는 <u>특정 준거와의 관련성 정도 타당도</u>
2) 타당도의 종류
   ① **예언타당도**
      : 현재 검사 점수가 피검자의 미래행동과 특성과 얼마나 관련이 있는지를 평가하는 타당도로
        수능시험에서 성적이 우수한 학생이 대학교에 입학하여 대학 학점도 잘 받을 수 있다고
        예언할 수 있음이 그 예이다.
   ② **동시타당도**
      : 해당 검사 점수와 준거점수를 동시에 측정해 상관계수를 검정하는 것으로
        새로운 검사를 제작했을 때 기존의 타당성이 검증된 검사와의 유사성을 검증하는 방법으로
        연구자 개발 인성검사와 MMPI와의 관계의 예가 있다.

061 ★★★★★

구성타당도를 분석하는 방법 3가지를 제시하고 각 방법에 대해 설명하시오. (6점)

1) **수렴타당도** : 어떤 검사 결과가 해당 속성과 <u>관련 있는 변수들</u>과 상관계수가 높을수록
                 수렴타당도가 높다.
2) **변별타당도** : 어떤 검사 결과가 해당 속성과 <u>관련 없는 변수들</u>과 상관계수가 낮을수록
                 변별타당도가 높다.
3) **요인분석** : 검사문항들의 상관관계를 분석하여 <u>상관이 높은 문항들을 묶어주는</u>
              통계적 방법이다.

062 ★

직업상담사가 구직자 A와 B에게 각각 동형검사인 직무능력검사(I형)과 직무능력 검사(II형)을 실시한 결과 A는 115점 B는 124점을 얻었으나 검사유형이 다르기 때문에 두 사람의 점수를 직접 비교할 수는 없다. A와 B중 누가 더 높은 직무능력을 갖추었는지 Z를 산출하고 이를 비교 하시오. (각각 Z점수는 소수점 둘째자리 까지 산출하시오 계산과정은 반드시 기재)

단, I형) : 직무능력 검사 표준화 집단 평균 = 100, 표준편차 : 7
   II형) : 직무능력 검사 표준화 집단 평균 = 100, 표준편차 : 15

$$Z = (원점수-평균점수)/ 표준편차 \quad cf) \ T \ 점수 = 50 + 10 \times Z$$

• I형) = (115-100)/7 = 2.14
• II형) = (124-100)/15 = 1.60

구직자 A가 2.14로 B의 1.60보다 높으므로 더 높은 직무능력을 갖추었다고 볼 수 있다.

063 ★★★★

심리검사와 관련하여 준수해야 할 윤리강령이 있다. 이 중 평가기법과 관련하여 준수해야 할 윤리강령 3가지 기술하시오.　(6점)

1) 적절한 훈련이나 교습을 받은 사람이 심리검사를 실시해야 한다.
2) 상담자는 검사의 목적과 본질을 수검자에게 <u>충분히 설명</u>해 주어야 한다.
3) 상담자는 심리 검사 사용시 수검자가 이해할 수 있는 용어로 <u>눈높이에 맞추어 설명</u>해야 한다.
4) 새로운 기법과 검사도구를 개발하고 표준화할 때 기존의 <u>과학적 절차</u>를 충분히 지켜야 한다.
5) 평가 결과가 <u>시대에 뒤떨어질 수 있음</u>을 인정해야 한다.
6) 심리검사를 실시할 때 <u>신뢰도와 타당도</u>가 높은 즉 보장된 검사를 사용해야 한다.

064 ★★★★

심리검사에는 선다형이나 예, 아니오 등 객관적 형태 자기보고형 검사(설문지 형태의 검사)가 가장 많이 사용된다. 이런 형태의 검사가 가지는 장점을 5가지 쓰시오.

1) (비용이) 경제적이다.
2) 시행 · 채점 · 해석이 간단하다.
3) 모든 직무에 사용이 가능하다.
4) 짧은 시간에 많은 정보를 얻을 수 있다.
5) 집단검사가 가능하다.

065 ★★★

직업적응이론에서는 개인의 환경과 상호작용하는 특성을 나타내주는 4가지 성격유형 요소를 가정한다. 이 성격 유형 요소들 중 3가지만 제시하고 각각에 대해 간략히 설명하시오.

1) **민첩성** : 정확성보다는 빠르게 <u>반응하는 속도</u> 정도를 의미한다.
2) **역량** : <u>활동수준</u>이 높거나 낮은 정도를 의미한다.
3) **리듬** : 활동에 대한 <u>다양성</u>을 의미한다.
4) **지구력** : 다양한 활동수준의 <u>기간</u>을 의미한다.

066 ★★★

확률표집방법 3가지를 쓰고 설명하시오. (6점)

1) 단순무선표집
   : 모집단의 구성요소들이 표본에 속할 확률이 동일하도록 표집하는 방법이다.
   예를 들어 구성원들에게 일련번호를 부여해 무작위로 표집하는 것이다.
2) 층화(유층)표집
   : 모집단이 규모가 다른 몇 개의 이질적인 하위집단으로 구성되어 있는 경우 사용하는
   방법이다. 예를 들어 모집단이 종교를 가진 집단이라면 각 종파별로 표집하는 것이다.
3) 집락(군집)표집
   : 모집단을 서로 동질적인 하위집단으로 구분하여 집단 자체를 표집하는 방법이다.
   예를 들어 전국 1학년 학생을 표집하는 경우 한 학교에서 1학년을 대표하기 위해 한 반을 선정하는 방법이다.

📝 067 (개정)

한국표준직업분류의 2017년 개정안 특징을 설명 하시오 (6점)

1) 지식 정보화 사회 변화상 반영
2) 사회 서비스 일자리 직종 세분 및 신설
3) 고용규모 대비 분류항목이 적은 사무 및 판매, 서비스직 세분
4) 자동화, 기계화에 따른 기능직 및 기계 조작직 직종 통합

---

067 ★★★★★ (개정반영)

한국표준직업분류의 8차 개정(2024)의 주요 내용을 4가지 작성하시오. (5점)

1) 포스트 코로나에 따른 보건 전문가 및 관련 종사자의 인력 확대 반영
2) 저출산 · 고령화에 따른 사회복지 및 돌봄 인력 수요 반영
3) 신생 · 확대 · 소멸직업 등 노동시장의 구조 변화 반영
4) 직업분류 체제 개선
5) 직업분류 개정 수요 반영 등

068 ★★★★★

한국표준직업분류에서 "직업"으로 규정하는 4가지 요건을 쓰시오. (4점)

1) **경제성** : 경제적인 거래 관계가 성립 되어야 한다.
2) **계속성** : 유사성을 갖는 직무 계속 수행하여야 한다.
3) **윤리성과 사회성** : 비윤리적인 이윤추구와 반사회적 행위는 직업으로 볼 수 없다.
4) **비속박성** : 속박된 상태에서의 모든 행위는 직업으로 볼 수 없다.

069 ★★★★★

한국표준직업분류에서 일의 계속성에 해당하는 경우 4가지를 설명하시오. (4점)

1) 매일, 매주, 매월 등 주기적으로 행하는 것
2) 계절적으로 행해지는 것
3) 명확한 주기는 없으나 계속적으로 행해지는 것
4) 현재 하고 있는 일을 계속적으로 행할 의지와 가능성이 있는 것

070 ★★★★★

한국표준직업분류에서 직업으로 인정되지 않는 경우 6가지를 쓰시오. (6점)

1) 이자, 주식 배당 등과 같은 자산수입이 있는 경우
2) 연금법 등 사회보장에 의한 수입이 있는 경우
3) 경마, 경륜 등에 의한 배당금이나 주식투자에 의한 시세차익이 있는 경우
4) 예·적금 인출과 같이 금융자산을 매각하여 수입이 있는 경우
5) 자기집의 가사활동에 전념하는 경우
6) 수형자의 활동과 같이 법률에 의한 강제 노동을 하는 경우

071 ★★★

한국표준직업분류에서 속박된 상태에서 제반활동으로 직업으로 보지 않는 활동을 2가지만 쓰시오. (6점)

1) 수형자의 활동과 같이 법률에 의한 강제 노동을 하는 경우 직업으로 인정하지 않는다.
2) 사회복지시설 수용자의 시설 내 활동은 직업활동으로 인정하지 않는다.

072 ★★★★★

Brayfield가 제시한 직업정보의 기능 3가지를 제시하고 설명하시오. (6점)

1) **정보제공기능** : 내담자가 **직업선택**을 잘하도록 정보를 제공한다.
2) **재조정 기능** : 내담자가 <u>냉철한 **현실검증**</u>을 하도록 재조정한다.
3) **동기화 기능** : 내담자가 <u>**의사결정과정**에</u> 적극 참여하도록 동기화 시킨다.

073 ★★★★★

민간직업정보와 공공직업정보의 특성을 3가지만 쓰시오. (6점)

	민간 직업정보	공공 직업정보
직업의 구분	생산자의 자의성에 따라 구분	객관적 기준에 따라 구분
직업의 범위	특정한 목적에 따라 제한적으로 선택	전체산업 및 업종에 걸친 포괄적 으로 선택
비용	유료	무료

- 공공직업정보는 객관적 기준에 따라 구분되나
  민간직업정보는 자의적 기준에 따라 구분된다.
- 공공직업정보는 정보의 범위가 전체산업으로 포괄적이나
  민간직업정보는 특정한 목적에 맞게 제한적이다.
- 공공직업정보는 무료로 제공되나 민간직업정보는 유료로 제공된다.

074 ★★★

부가직업정보 중 작업강도를 결정하는 기준 4가지를 쓰시오. (4점)

1) **들어올림** : 물체를 <u>주어진 높이에서 다른 높이</u>로 올리거나 내리는 작업을 말한다.
2) **운반** : 물체를 <u>한 장소에서 다른 장소</u>로 옮기는 작업을 말한다.
3) **밈** : 물체에 힘을 가하여 힘을 가한 반대쪽으로 움직이게 하는 작업을 말한다.
4) **당김** : 물체에 힘을 가하여 힘을 가한쪽으로 움직이게 하는 작업을 말한다.

075 ★★★

한국직업사전 부가직업정보 중 작업환경의 "위험내재" 제반위험종류 5가지를 쓰시오. (5점)

1) 전기적 위험
2) 기계적 위험
3) 화상
4) 폭발
5) 방사선 위험

076 ★

한국직업사전의 부가직업 정보 중 정규교육, 숙련기간, 직무기능의 의미를 기술 하시오. (6점)

1) **정규교육** : 해당 직업의 직무 수행하는 데 필요한 정규교육수준을 의미,
　　　　　　해당 직업 종사자의 평균 학력을 나타내는 것은 아니다.
2) **숙련기간** : 정규교육과정을 이수한 후 해당 직업의 직무를 평균적 수준으로 수행하기 위하여
　　　　　　필요한 각종 교육, 훈련, 숙련기간
3) **직무기능** : 해당 직업 종사자가 직무수행 과정에서 자료, 사람, 사물과 맺는 관련된 특성

077 ★★★★★

한국표준직업분류의 분류원칙 중 포괄적인 업무에 대한 분류원칙 3가지를 쓰고 설명하시오. (6점)

1) **주된직무 우선원칙**
　: 포괄적 업무 발생 시 주된 직무 우선원칙에 따라 첫째로 직업을 분류한다.
2) **최상급직능 우선원칙**
　: 주된 직무 우선원칙으로 분류하지 못할 경우에는 최상급 직능 수준우선원칙에 의하여 분류한다.
3) **생산업무 우선**
　: 주된 직무와 최상급 직능수준으로 직업을 분류하지 못할 시에는 최종적으로 생산 업무에 따라 분류한다.

078 ★★★★★

한국표준직업분류에서 "다수직업종사자"의 의미와 직업을 결정하는 일반원칙을 설명하시오. (6점)

1) 다수직업종사자의 의미

  : 한 사람이 전혀 다른 두 가지 이상의 직업에 종사하는 사람을 말한다.

2) 직업 결정의 일반적 원칙

  ① **시간 우선 원칙** : 다수직업종사 발생 시 취업 시간 우선원칙을 통해 우선적으로 직업을 결정 한다.

  ② **수입 우선 원칙** : 취업 시간으로 직업을 결정 못할 경우 수입이 많은 직업 우선 원칙에 따른다.

  ③ **조사 시 최근의 직업우선 원칙** : 수입이 많은 직업 우선원칙으로도 결정하지 못할 경우에는
                조사 시 최근의 직업 우선원칙에 따라 결정 한다.

079 ★★★★★

한국표준산업분류개요 중 산업, 산업활동의 정의 및 산업활동의 범위를 설명하시오.

1) **산업** : 유사한 성질을 갖는 생산단위의 집합을 산업이라고 한다.

2) **산업활동** : 유사한성질을 갖는 생산단위의 집합체가 재화 또는 서비스를 생산하는 활동을 말한다.

3) **산업활동의 범위** : 영리적, 비영리적 활동이 모두 포함되나 가정 내 가사활동은 제외 한다.

📝 080 (개정)

KSCO의 대분류 중 '관리자/전문가 및 관련종사자/서비스직/기술직 및 관련종사자'/군인를 적합한 직능수준과 연결하시오 (6점)

1) 관리자 – 제4직능수준
2) 전문가 및 관련 종사자 – 제3직능수준
3) 서비스 종사자 – 제2직능수준
4) 기능직 및 관련 종사자 – 제2직능수준
5) 군인 – 제2직능수준 이상

080 ★(개정반영)

한국표준직업분류(KSCO)의 대분류와 직능수준의 관계를 묻는 표 안의 답란을 채우시오.

대분류 항목	직능수준
관리자	1) 제( ) 직능수준 혹은 제( ) 직능수준 필요
판매종사자	2) 제( ) 직능수준 필요
장치 · 기계 조작 및 조립종사자	3) 제( ) 직능수준 필요
군인	4) 제( ) 직능수준 이상 필요

대분류 항목	직능수준
관리자	1) 제(4) 직능수준 혹은 제(3) 직능수준 필요
판매종사자	2) 제(2) 직능수준 필요
장치 · 기계 조작 및 조립종사자	3) 제(2) 직능수준 필요
군인	4) 제(2) 직능수준 이상 필요

한국표준직업분류(KSCO) 대분류와 직능수준	
1 관리자	: 제4직능 수준 혹은 제3직능 수준 필요
2 전문가 및 관련 종사자	: 제4직능 수준 혹은 제3직능 수준 필요
3 사무 종사자	: 제2직능 수준 필요
4 서비스 종사자	: 제2직능 수준 필요
5 판매 종사자	: 제2직능 수준 필요
6 농림어업 숙련 종사자	: 제2직능 수준 필요
7 기능원 및 관련 기능 종사자	: 제2직능 수준 필요
8 장치 · 기계 조작 및 조립 종사자	: 제2직능 수준 필요
9 단순 노무 종사자	: 제1직능 수준 필요
A 군인	: 제2직능 수준 이상 필요

한국표준직업분류에서 직업분류개념인 직능, 직능유형, 직능수준을 설명하시오. (6점)

1) **직능** : 주어진 직무의 <u>업무와 과업을 수행하는 능력</u>
2) **직능유형**: <u>직능의 분류로서</u> 직무수행에 요구되는 지식 분야, 사용하는 도구 및 장비, 원재료, 생산된 재화나
　　　　　서비스의 종류와 관련됨
3) **직능수준**: <u>직무수행능력의 높낮이</u>

---

081 ★★★

A회사 9월말 사원수는 1,000명, 신규채용인원수는 20명, 전입인원수는 80명일 때 10월 입직률과 입직률의 의미를 쓰시오. (6점)

1) 입직률의 의미 : 월말 노동자수 대비 월간 증가 노동자수의 비율을 말한다.
　　　　　　　입직률이 높다는 것은 경제활동이 활발함을 의미한다.

2) 10월의 입직률

• 입직률 $= \dfrac{\text{당월입직자수}(= \text{신규채용} + \text{전입})}{\text{전월말사원수}} \times 100$

10월 입직률 $= \dfrac{\text{10월 입직자수(신규채용} + \text{전입})}{\text{9월말사원수}} \times 100$

$= \dfrac{\text{20명} + \text{80명}}{\text{1,000명}} \times 100 = 10\%$

082 ★★★

다음의 표를 보고 답하시오. (단, 모범 답안 앞에 약을 꼭 붙이시오.)   (8점)

구분	신규구인	신규구직	알선건수	취업수
A	103,062	426,746	513,973	36,710
B	299,990	938,855	1,148,534	119,020

1) A기간의 구인배율은?

- 구인배율 $= \dfrac{\text{신규 구인원 수}}{\text{신규 구직자 수}} = \dfrac{103,062}{426,746} =$ 약 0.24

2) B기간의 구인배율

- 구인배율 $= \dfrac{\text{신규 구인원 수}}{\text{신규 구직자 수}} = \dfrac{299,990}{938,855} =$ 약 0.32

3) A기간의 취업률

- 취업률 $= \dfrac{\text{취업자}}{\text{신규구직자수}} \times 100 = \dfrac{36,710}{426,746} \times 100 =$ 약 8.60%

4) B기간의 취업률

- 취업률 $= \dfrac{\text{취업자}}{\text{신규구직자수}} \times 100 = \dfrac{119,020}{938,855} \times 100 =$ 약 12.68%

＊ B구간이 A구간 보다 구인배율과 취업률이 더 높기 때문에 경제동향이 더 좋음을 의미한다.

083 ★★★★★

직업훈련의 목적 3가지를 쓰고 설명하시오.   (6점)

1) **양성훈련** : 기초적인 직무수행능력을 충족시키기 위한 훈련을 말한다.
2) **향상훈련** : 기초적인 직무수행능력을 가지고 있는 자에게 더 높은 직무수행능력을 충족시키기 위한 훈련을 말한다.
3) **전직훈련** : 종전의 직업과 유사하거나 새로운 직업에 필요한 직무수행능력을 습득시키기 위한 훈련을 말한다.

084 ★★★

노동수요 결정요인 5가지를 쓰시오. (5점)

1) 노동의 임금에 따라 노동수요가 결정된다.
2) 다른 생산요소의 가격 변화
3) 생산성의 변화
4) 최종생산물의 수요 변화
5) 기술의 발달

085 ★★★

완전 경쟁시장에서 A제품을 생산하는 어떤 기업의 단기 생산함수가 다음과 같다. 기업의 이윤 극대화를 위한 최적고용량을 도출하고 그 근거를 설명하시오. (단위당 임금:150원, 생산물 단가 : 100원)

노동투입량	0단위	1단위	2단위	3단위	4단위	5단위	6단위
총생산량	0개	2개	4개	7개	8.5개	9개	9개

노동투입량	0단위	1단위	2단위	3단위	4단위	5단위	6단위
총생산량	0개	2개	4개	7개	8.5개	9개	9개
한계생산물	-	2개	2개	3개	1.5개	0.5개	0개
한계생산물 가치	-	200원	200원	300원	150원	50원	0원

- 이윤극대화를 위한 최적고용률

  이윤극대화 원칙은 '임금 = 한계생산물 가치'일 때이다.

  따라서 단위당 임금 150원과 한계생산물 가치 150원이 만나는 4단위에서 최적 고용량이 도출된다.

086 ★★★

K제과점의 하루 생산량은 다음과 같다. 다음의 물음에 답하시오.(케이크의 가격은 10,000원이고, 종업원의 일당은 80,000원일 때)

종업원 수	0	1	2	3	4	5
케이크 생산량	0	10	18	23	27	30

1) 근로자수가 2명인 경우 노동의 한계 생산은?
 • 근로자수 2명인 경우 노동의 한계생산량(MPL)은 8개이다.
  근로자수 2명인 경우 한계생산물 − 근로자수 1명인 경우 한계생산물 = 18 - 10 = 8개

2) 근로자수가 3명일 때, 노동의 한계생산 수입은?
 • 근로자 3명일 때 한계생산물 = 23 - 18 = 5개

  한계수입은 생산물 한 단위를 추가 판매 할 때 들어오는 수입을 의미하는 것으로
  케이크 한개를 추가 판매하면 그 수입이 10,000원이다.
  그러므로 한계수입생산 = 5 × 10,000원 = 50,000원이다.

3) 근로자 한 사람당 임금이 80,000원일 때, 이윤극대화가 이루어 지는 때의 제과점 채용 근로자수와 케이크 생산량은?
 • 이윤극대화의 조건은 '임금 = 한계생산물가치'이다.
  그러므로 임금 80,000원과 한계생산물가치 80,000원이 만나는 2명일 때
  이윤극대화가 이루어진다.
  ∴ 이윤극대화 채용근로자 수는 2명이고 이 때의 케이크 생산량은 18개이다.

087 ★★★

부가급여의 의미와 종류를 설명하고 사용자와 종업원이 부가급여를 선호하는 이유를 나열하시오. (6점)

1) 부가급여의 의미
  : 식사 제공, 기숙사 제공 등 기업주가 근로자에게 화폐가 아닌 형태로 지불하는 유무상의
   모든 보상을 의미한다.
2) 사용자가 부가급여를 선호하는 이유
  ① 조세나 보험료의 부담이 감소된다.
  ② 사용자 선호에 맞는 근로자 채용이 용이하다.
  ③ 정부의 임금규제의 회피수단으로 사용할 수 있다.
3) 노동자가 부가급여를 선호하는 이유
  ① 근로소득세가 줄어든다.
  ② 공동구입에 의한 할인혜택을 받는다.
  ③ 퇴직금이나 국민연금은 대한 세율이 낮다.

088 ★★★

생산성 임금제에 의하면 명목임금의 상승률을 결정할 때, 부가가치노동생산성 상승률과 일치시키는 것이 적당하다고 하였다. 어떤 기업의 2010년 근로자수가 40명, 생산량이 100개, 생산물 단가는 10원, 자본비용이 150원 이었으나 2011년에는 근로자수는 50명, 생산량은 120개, 생산물 단가는 12원, 자본비용은 200원으로 올랐다고 가정하자. 생산성임금제에 근거할 때 이 기업의 2011년 적정임금상승율은? (단, 소수점 발생 시 반올림하여 소수 첫 자리까지 표시) (6점)

- 적정 임금 상승률은 부가가치 생산성의 증가율가 일치한다.
  따라서 적정 임금 상승률을 도출하기 위하여
  주어진 년도의 부가가치 생산성을 파악하여야 한다.

  ⇨ 부가가치 생산성 $= \dfrac{\text{부가가치}}{\text{노동투입량}} = \dfrac{\text{생산량} \times \text{생산물 단가}}{\text{노동투입량}}$

  - 2010년 부가가치 생산성 $= \dfrac{100 \times 10}{40} = 25$

  - 2011년 부가가치 생산성 $= \dfrac{120 \times 12}{50} = 28.8$

  ∴ 부가가치 증가율 $= \dfrac{28.8 - 25}{25} \times 100 = 15.2\%$

  그러므로 2011년도 **적정 임금 상승률은 15.2%** 이다.

089 ★★★

노동수요 결정요인 5가지를 쓰시오. (5점)

1) 노동의 임금에 따라 노동수요가 결정된다.
2) 다른 생산요소의 가격 변화
3) 생산성의 변화
4) 최종생산물의 수요 변화
5) 기술의 발달

090 ★★★

노동수요의 탄력성 결정요인 4가지를 쓰시오. (6점)

1) 대체가능성이 클수록 노동수요의 탄력성이 커진다.
2) 다른 생산요소의 공급탄력성이 클수록 노동수요의 탄력성이 커진다.
3) 수요의 탄력성이 클수록 노동수요의 탄력성이 커진다.
4) 총비용 중 인건비의 비중이 클수록 노동수요의 탄력성이 커진다.

091 ★★★

여가의 대체효과와 소득효과의 의미, 여가가 열등재 일 때 소득증대에 따른 노동공급변화를 설명하시오. (6점)

1) 대체효과
   : 임금이 상승하면 여가의 기회비용이 커져서 근로자는 여가를 줄이고 노동시간을 늘린다.
   이 때 노동공급곡선은 우상향한다.

2) 소득효과
   : 임금이 상승하면 근로자는 노동공급보다 여가를 선호하게 되어 노동시간을 줄이고 여가를 즐긴다.
   이 때 노동공급곡선은 후방굴절한다.

3) 여가가 열등재 일 때 소득증대에 따른 노동공급 변화
   : 임금 상승으로 인한 대체효과와 소득효과의 크기에 관계없이 여가가 열등재라면
   여가를 선택하지 않고 노동시간을 늘려 노동공급곡선은 우상향한다.

092 ★★★

내부노동시장의 형성요인 3가지를 쓰고 설명하시오. (6점)

1) **숙련의 특수성** : 기업 내부의 노동력에 의해 유일하게 소유되는 숙련기술을 의미한다.
2) **현장훈련** : 기업 내부의 생산현장에서 고유한 지식과 기술을 직접 전수하는 것을 의미한다.
3) **관습** : 선례에 의존하여 문서화되지 않은 기업의 관습이나 문화, 규정의 체계를 의미한다.

093 ★★★

보상적 임금격차의 의미와 원인 5가지를 쓰시오. (6점)

1) 의미
   보상적 임금격차란 작업환경의 열악함을 경제적 보상으로 상쇄 시켜 주는 것을 의미한다.
   예를 들면, 탄광촌 광부의 임금은 도시근로자의 임금보다 많아야 됨을 의미한다.

2) 원인
   ① 교육훈련비용의 정도
   ② 고용의 안정성 여부
   ③ 작업의 쾌적성 여부
   ④ 책임의 정도
   ⑤ 성공 또는 실패 가능성

094 ★★★

기혼여성의 경제활동을 높이는 요인 5가지를 쓰시오. (5점)

1) 시장임금이 높으면 기혼여성의 경제활동참가율은 증가한다.
2) 남편이나 다른 가구원의 소득이 낮을수록 참가율은 증가한다.
3) 기혼여성의 교육수준이 높을수록 참가율은 증가한다.
4) 자녀의 수가 적고 연령이 높을수록 참가율은 증가한다.
5) 기혼여성에 대한 기업의 노동수요가 높으면 참가율은 증가한다.

095 ★★★★★

비수요부족 실업에 해당하는 대표적인 실업을 3가지 쓰고, 각각에 대해 설명하시오. (6점)

1) 마찰적 실업
  : 구인자와 구직자간의 직업정보의 불일치로 발생하는 실업으로
   대책으로는 직업정보제공 및 구인 · 구직 시스템 연결 등이 있다.
2) 구조적 실업
  : 기술혁신, 산업구조 변동에 의하여 발생하는 실업으로
   대책으로는 직업훈련시설 확충, 이주보조금 지급 등이 있다.
3) 계절적 실업
  : 계절의 영향을 받아 특정산업이나 사업에서 노동력 수요의 변동에 따라 발생하는 실업으로
   대책으로는 농공단지 조성, 특화작물 재배, 휴경지 경작이나 유휴 노동 활용 등이 있다.

096 ★★★

실망노동자효과와 부가노동자효과에 대하여 설명하시오. (6점)

1) 실망노동자 효과
  : 경기침체로 구직자가 구직활동을 단념하여 비경제활동인구가 늘어나서 실제 실업률에 포함이 되지 않는 효과로
   통계상 실업률을 낮아지게 한다.
2) 부가노동자 효과
  : 경기침체시 주 경제원이 구직활동을 포기해서 집에 있는 2차 노동력(전업주부나 전업학생)이
   경제활동인구로 편입되는 효과로 통계상 실업률이 높아진다.

097 ★

실업률, 경제활동참가율, 고용률, 취업률을 구하는 공식을 쓰시오. (6점)

1) 실업률 = 실업자 / 경제활동인구 × 100
2) 경제활동참가율 = 경제활동인구 / 생산가능인구 × 100
3) 고용률 = 취업자 / 생산가능인구 × 100
4) 취업률 = 취업자 / 경제활동인구 × 100
5) 임금근로자 = 상용근로자 + 임시근로자 + 일용근로자

098 ★

최저 임금제의 특징 6가지를 쓰시오. (6점)

1) 경기 활성화 기여
2) 산업구조의 고도화
3) 노사간의 분규 방지로 인한 산업평화 유지
4) 소득분배의 개선
5) 공정경쟁 및 공정거래질서 확보
6) 2차 노동시장(여성근로자, 고령자, 청소년 근로자 등) 보호
7) 복지 국가 실현

빈출이었으나 출제기준에서 제외 ✲

099

노사관계의 3주체와 규제요인 3가지를 쓰시오. (6점)

1) 노사관계의 3주체
   ① 노동자 및 단체
   ② 사용자 및 단체
   ③ 정부
2) 노사관계를 규제하는 3요건
   ① 기술적 특성
   ② 시장 또는 예산상의 제약
   ③ 각 주체의 세력관계

100

노동조합의 숍(shop)제도의 종류 4가지를 쓰고 설명하시오. (4점)

1) **오픈 숍** : 비조합원 노동자를 채용할 수 있고, 채용된 후에도 노동조합 가입 여부를 노동자가 자유롭게 결정할 수 있다.
2) **클로즈드 숍** : 조합원이 아니면 채용할 수 없고, 채용된 후에도 조합원 자격을 상실하면 더 이상 근무할 수 없다.
3) **유니온 숍** : 채용당시에는 조합원 자격 유무를 고려하지 않지만,
　　　　　　채용된 후에는 일정 기간 내에 노동조합에 가입하여야 한다.
4) **에이전시 숍** : 노조가 비노조원에게 일정부분 조합회비를 징수하는 제도이다.

101

경제적 조합주의의 특징 3가지를 쓰시오. (6점)

1) 정치적 투쟁을 지향하지 않는다.
2) 노사간의 갈등과 대립보다 타협을 통한 상생의 노사관계를 추구한다.
3) 노동조합운동 목적은 노조의 협상력을 통한 노동자의 지위향상과 복지실현에 힘쓴다. (근로조건 개선, 임금인상,
　단체교섭 제도 등)

102

Hicks(힉스)의 단체교섭이론을 그래프로 그리고 간략히 설명하시오. (6점)

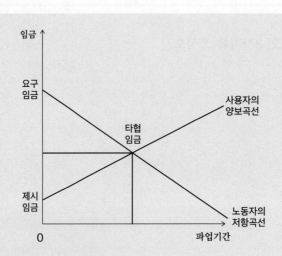

• 힉스의 단체교섭이론이란 노동자의 요구임금은 파업기간이 길어질수록 점점 내려가고
　　　사용자의 제시임금은 파업기간이 길어질수록 점점 올라가서
　　　결국 노동자 곡선과 사용자 곡선이 만나는 지점에서 파업이 종결됨을 의미한다.

103

★★

정신 역동적 직업상담모형을 구체화 시킨 보딘(Bordin)은 직업상담과정을 3단계로 구분 하였다. 그 3단계를 쓰고 설명 하시오. (6점)

1) **탐색과 계약체결** : 내담자의 욕구와 개인역동을 탐색하고 상담전략을 수립하고 상담 계약을 체결한다.
2) **중대한 결정** : 성격에 맞는 직업을 선택할지, 직업에 맞추어 자신의 성격을 변화시킬지를 결정하는 핵심단계이다.
3) **변화를 위한 노력** : 선택하고자 하는 직업에 맞게 성격, 욕구, 흥미 등의 부분에서 자아 이해를 확대하며 지속적인 변화를 모색한다.

104

★★★★★

생애진로사정(LCA)의 구조와 이를 통해 얻을 수 있는 정보를 3가지 쓰시오. (7점)

1) 의미
  : 초기상담 시 이용하는 구조화된 면접기법으로 내담자의 직업경험과 교육수준, 강점과 약점 등에 관한 정보 수집 하는 질적 측정도구이다.
2) 구조
  ① **진로사정** : 일 경험, 관심사, 오락 등을 탐색한다.
  ② **전형적인 하루** : 개인이 하루를 어떻게 조직하는지 발견하게 한다.
  ③ **강점과 장애** : 강점과 장애를 말해 보게 하며 자기평가를 하도록 돕는다.
  ④ **요약** : 수집된 정보의 강조, 상담을 통해 목표를 성취할 수 있도록 요약한다.
3) 얻을 수 있는 정보
  ① 내담자의 직업 경험과 교육수준
  ② 내담자 자신의 기술과 능력에 대한 자기평가 및 상담자의 평가정보(자신의 강점과 장애)
  ③ 내담자 자신의 가치와 자기인식 정보

105

★★★★

윌리암슨에 의한 특성요인 상담의 인간본성에 대한 5가지를 기술하시오. (5점)

1) 인간은 선과 악의 잠재력을 모두 지닌 존재이다.
2) 선의 본질은 자아실현이다.
3) 인간은 선을 실현하는 과정에서 타인의 도움을 필요로 한다.
4) 선한 생활을 결정하는 것은 바로 자기 자신이다.
5) 인간은 누구나 그만의 독특한 세계관을 가지고 있다.

106 ★★★★★

윌리암슨(Williamson)이 제시한 특성 - 요인 직업상담에서 검사의 해석단계의 상담기법 3가지를 제시하고 설명 하시오. (6점)

1) **설명** : 상담자가 <u>검사자료</u>를 해석하여 내담자의 진로선택을 돕는 것이다.
2) **설득** : 상담자가 내담자에게 합리적이고 논리적인 방법으로 <u>검사자료</u>를 제시하는 것이다.
3) **직접충고** : 검사 결과를 바탕으로 상담자가 내담자에게 <u>자신의 견해</u>를 솔직하고 분명하게 표명하는 것이다.

107 ★★★

크라이티스(Crites)는 직업상담에서 문제유형 분류에서 흥미와 적성을 3가지 변인들과 관련지어 분류하였다. 3가지 변인을 쓰고 각각에 대해 설명하시오. (6점)

1) **적응성** : 적응성과 관련하여 적응형과 부적응형의 유형으로 나누어진다.
2) **결정성** : 결정성과 관련하여 다재다능형과 우유부단형의 유형으로 분류된다.
3) **현실성** : 현실성과 관련하여 자신의 적성수준보다 높은 수준을 요구하는 비현실형과 자신의 적성수준 보다 낮은 수준의 직업을 요구하는 불충족, 흥미가 맞지 않는 강압형으로 분류할 수 있다.

108 ★

자기보고식 가치 사정하기에서 가치사정기법을 6가지만 쓰시오. (6점)

1) 존경하는 인물 기술하기
2) 백일몽 말하기
3) 과거의 선택 회상하기
4) <u>절정경험</u> 알아보기
5) <u>자유</u> 시간과 금전의 사용 계획 알아보기
6) <u>체크</u> 목록의 가치에 순위 매기기

109 ★★★

직업상담 과정에서 사용되는 질적 측정도구 3가지를 쓰고 설명하시오. (6점)

1) **생애진로사정** : 상담초기에 사용하는 구조화된 면담기법으로 내담자의 다양한 질적 정보를 파악할 수 있다.
2) **직업 가계도(제노그램)** : 가족들의 직업을 도식화하여 내담자에게 미치는 가족의 영향력을 분석할 수 있다.
3) **직업카드 분류** : 직업카드를 활용하여 내담자의 선호군, 비선호군의 직업흥미를 분류하고 파악할 수 있다.

110

실존주의 상담에서의 인간 본성에 대한 기본 가정 4가지를 쓰시오. (4점)

1) 인간은 자유로운 존재이다.
2) 인간은 언젠가 죽을 수밖에 없는 유한한 존재라는 것을 아는 존재이다.
3) 인간은 과거에서 벗어나 자신을 초월할 능력을 가지고 있다.
4) 인간은 끊임없이 변천된다.
5) 인간은 완성을 향해 나아가는 존재이다.

111

실존주의 상담자들이 내담자의 궁극적 관심사와 관련하여 중요하게 생각하는 주제를 3가지 쓰고, 설명하시오. (6점)

1) **죽음과 비존재** : 인간은 언젠가 자신이 죽는다는 것을 스스로 알고 있는 존재이다.
2) **자유와 책임** : 인간은 자신의 삶과 미래를 개척할 자유가 있으며 그에 따른 책임도 있다.
3) **삶의 의미성** : 인간은 자신의 삶의 목적과 의미를 찾기 위해 노력한다.
4) **진실성** : 인간은 자신의 실존을 획득하기 위해 자신을 정의하고 진실하게 노력한다.

112 ★

립탁(Liptak)이 제시한 자발적 실직을 경험한 내담자들에게서 나타나는 5가지 비합리적 신념을 쓰시오. (5점)

1) 직업탐색은 완전하게 이루어져야 한다는 신념
2) 직업탐색은 더 이상 필요하지 않아 직업탐색 기법을 습득할 필요가 없다는 신념
3) 직업상담가는 전문가이기 때문에 내담자에게 딱맞는 직업을 찾아줄 것이라는 신념
4) 면접 후 거절은 재앙과도 같다는 신념
5) 직업탐색과정에 대하여 신경 쓰고 몰두해야만 한다는 신념

113 ★★★

구조 화면접법과 비구조 화면접법의 의미, 장점·단점을 쓰시오. (6점)

1) **구조적 면접법** : 질문 내용을 미리 준비해 두고 <u>순서에 따라</u> 진행한다.
   ① 장점 : 짧은 시간에 많은 정보를 얻을 수 있다.
   ② 단점 : 심층적 정보를 얻지 못한다.
2) **비구조적 면접법** : 사전에 결정된 질문이 없이 응답자의 반응에 따라 <u>융통적으로</u> 면접을 진행한다.
   ① 장점 : 심층적 정보를 얻을 수 있다.
   ② 단점 : 다량의 정보를 짧은 시간에 얻을 수 없다.

114 ★★★★★

상담자가 내담자에게 좋은 영향을 줄 수 있는 언어적 행동과 비언어적 행동을 3가지씩 쓰시오. (6점)

1) 언어적 행동
   ① 요약과 재진술
   ② 부연하기
   ③ 명료화
2) 비언어적 행동
   ① 미소
   ② 몸짓
   ③ 눈맞춤

115 ★★★★★

상담자가 자신의 관심을 충족시키기 위하는 질문이 아니라 내담자 스스로가 자신과 자신의 문제를 자유로이 탐색하도록 허용함으로써 내담자 자신의 이해를 증진시키는 탐색적 질문을 하는 과정에서 상담자가 유의해야 할 사항 3가지를 쓰시오. (6점)

1) 너무 이른 조언하기
2) 가르치기
3) 지나친 질문하기

116 ★★★★★

Dawis와 Lofquist의 직업적응이론에 기초하여 개발된 직업적응과 관련된 검사도구 3가지를 쓰시오. (6점)

1) MIQ(미네소타 중요질문지)
2) MJDQ(미네소타 직무기술 질문지)
3) MSQ(미네소타 만족질문지)

117 ★★★

직업적응이론(TWA)에서 중요하게 다루는 6가지 직업가치를 쓰시오. (6점)

1) 지위 - 타인으로부터의 인정, (사회적) 명성
2) 성취 - 자신의 능력을 사용하여 목적을 이룸
3) 이타심 - 타인과의 조화
4) 편안 - 편하고 스트레스를 받지 않는 것
5) 안정 - 안정적인 작업환경, 예측 가능한 환경
6) 자율 - 독립적, 자유로운 결정

118 ★★★

표준화를 위해 수집된 자료가 정규분포에서 벗어나는 것은 검사도구의 문제라기 보다 표집절차의 오류에 원인이 있다. 이를 해결하기 위한 방법을 세 가지 쓰고 각각에 대해 설명하시오.

1) **완곡법** : 정규분포의 모양과 유사할 때 점수를 가감하여 정규분포의 모양을 갖추도록 하는 방법을 의미한다.
2) **절미법** : 검사 점수가 편포를 이룰 경우 편포의 꼬리를 잘라내는 방법을 의미한다.
3) **면적 환산법** : 각 점수들의 백분위를 찾아서 그 백분위에 해당하는 Z점수를 찾는 방법을 의미한다.

119 ★★★★★

Gottfredson의 직업포부 발달이론에 제시된 '제한과 절충의 원리'에서 제한과 절충(타협)의 의미에 대해 각각 설명하시오. (4점)

> 1) **제한** : 개인이 사회적 공간이나 수용 가능한 대안들에 관하여 의사 결정할 때
>   자신의 영역을 좁혀가는 과정을 말한다.
> 2) **타협** : 최선책을 선택하기가 어려울 때 차선책을 선택하는 것이다.
>   즉, 외적 현실에 열망을 순응 시키는 과정이다.

120 ★★★

직업심리검사의 신뢰도를 추정하는 방법 3가지를 설명하시오. (6점)

> 1) **검사-재검사 신뢰도**
>   : 동일한 검사를 동일한 수검자에게 일정시간 간격을 두고 두 번 실시하여 얻은
>   두 검사 점수의 상관계수를 비교한다.
> 2) **동형 검사**
>   : 첫 번째 검사와 동등한 유형의 검사를 동일한 수검자에게 실시하여 얻은
>   두 검사 점수의 상관계수를 비교한다.
> 3) **내적(반분) 신뢰도**
>   : 한 개의 검사를 실시하고 그 검사의 문항을 동형이 되도록 두 개의 검사로 나누어
>   두 검사 점수가 어느 정도 일치하는가를 상관계수를 통해 추정한다.

121 ★

규준참조검사와 준거참조검사의 의미를 각각 예를 들어 설명하시오. (6점)

> 1) **규준참조검사** : 개인점수를 집단 내 상대방과 비교 · 해석하는 상대평가방식 검사이다.
>   예로는 심리검사, 선발검사, 대입수학능력시험 등이 있다.
> 2) **준거참조검사** : 개인점수를 해당 기준점수와 비교해 당락을 결정하는 절대평가방식 검사이다.
>   예로는 직업상담사 시험과 같은 국가자격시험 등이 있다.

122 ★★★

마이어스 - 브리그스 유형지표(MBTI)는 자기보고식의 강제선택 검사이다. 이 검사에서 나타나는 4가지 차원의 선호부분은? (4점)

1) **외향형 - 내향형** : <u>에너지의 방향</u> (세상에 대해 어떤 태도?)
2) **감각형 - 직관형** : <u>정보수집 과정</u> (무엇으로 인식하는가?)
3) **사고형 - 감정형** : <u>의사결정 과정</u> (어떻게 결정하는가?)
4) **판단형 - 인식형** : <u>생활방식</u> (생활양식은 어떠한가?)

123 ★★★

일반직업적성검사(GATB)의 내용을 3가지 쓰고 설명하시오. (6점)

1) **지능** : 일반적인 학습능력 및 원리를 이해하는 능력이다.
2) **언어능력** : 언어의 뜻과 개념을 이해하고 사용하는 능력이다.
3) **수리능력** : 신속 · 정확하게 계산하는 능력이다.

124 ★★

심리검사 실시방식에 따른 분류 3가지를 쓰시오. (6점)

1) 속도검사와 역량검사
2) 개인검사와 집단검사
3) 집필검사와 수행검사

125 ★

홀랜드 이론의 개인과 개인인간의 관계 개인과 환경간의 관계, 환경과 환경간의 관계를 설명하는 개념 3가지를 쓰고 각각에 대해 설명하시오. (6점)

1) **일관성(개인과 개인)**
   : 홀랜드의 육각형 상에서 두 흥미코드가 인접할수록 일관성이 높고, 일관성이 높을수록 안정적이다.
2) **일치성(개인과 환경)**
   : 개인과 직업 환경 간의 적합성 정도에 대한 것으로 사람의 직업적 흥미가 직업 환경과 일치 여부를 본다.
3) **계측성(환경과 환경)**
   : 흥미나 환경 유형의 거리가 가까울수록 이론상의 관계는 높고, 흥미와 환경 간 거리가 멀수록 이론상의 관계는 낮다.

126 ★★★★

반두라(Bandura)의 사회인지이론의 3가지 영역모델 (자기효능감에 영향을 주는 모델 3가지)를 설명하시오. (6점)

1) **흥미모형** : 자기효능감과 성과기대는 목표를 예언하며 흥미를 발달시킨다.
2) **선택모형** : 개인차와 환경적 요인은 학습경험에 영향을 미치고,
　　　　　　　 학습경험은 자기효능감과 결과기대에 영향을 주어 흥미를 발달시키고
　　　　　　　 목표를 선택하게 한다.
3) **수행모형** : 개인이 목표를 추구함에 있어서 어느정도 수행할지 수행수준을 정하는 단계이다.

127 ★★★★★

심리검사 제작을 위한 예비문항 제작 시 고려해야 할 3가지를 설명하시오. (6점)

1) 문항의 적절성
2) 문항의 난이도
3) 문제의 구조화

128 ★★

집중 경향치(대표값) 3가지를 쓰고 간략히 설명하시오. (6점)

1) **평균** : 측정 집단에 속한 점수를 합산하여 사례 수로 나눈 값으로, 수치상의 중앙에 해당하는 점수를 의미한다.
2) **중앙값** : 점수분포의 서열상 가장 중앙에 있는 점수를 의미한다.
3) **최빈값** : 점수분포에서 가장 빈번히 나타난 점수를 의미한다.

129 ★

문항의 난이도, 문항의 변별도, 오답의 능률도의 의미하는 내용을 쓰시오. (6점)

1) **문항의 난이도** : 검사 문항의 쉽고 어려운 정도를 뜻한다.
2) **문항의 변별도** : 문항 하나하나가 얼마나 피험자의 상·하 능력을 변별할 힘이 있느냐의 정도를 뜻한다.
3) **오답의 능률도** : 피검집단의 학생이 문항의 각 답지에 어떻게 반응하고 있는가를 기술하고
　　　　　　　　 그에 더하여 문항 분석을 시도하는 방법이다.

130 ★★

반분신뢰도를 추정하기 위해 가장 많이 사용하는 4가지 방법을 쓰고, 각각에 대해 설명하시오. (4점)

1) **전후 반분법** : 문항을 전반부 후반부로 나누는 방법
2) **기우 반분법** : 검사의 문항을 홀 짝수로 나누는 방법
3) **짝진 임의배치법** : 몇 단계를 거쳐서 검사를 양분하는 방법
   통계치의 산포도를 작성, 가까이 있는 두 문항끼리 짝을 짓고 임의로 선택하여 양분하는 방법
4) **난수표법**: 검사문항을 무작위로 추출하여 반으로 나누는 방법이다.

131 ★★★

실업과 관련된 야호다(Jahoda)의 박탈이론에 따르면 일반적으로 고용상태에 있는 것이 실직상태에 있는 것보다 여러 가지 잠재효과가 있다고 한다. 5가지 잠재효과를 기술하시오.

1) **시간의 구조화** : 시간을 조직적으로 활용할 수 있도록 해준다.
2) **사회적인 접촉** : 사회적 활동의 범위를 넓힌다.
3) **공동의 목표** : 직장의 공동 목표에 참여함으로 자신의 가치를 느낀다.
4) **사회적 안정성과 지위** : 직장에 소속되어 안정적인 사회적적 정체감을 느낀다.
5) **활동성** : 의미 있는 정규 활동을 수행하게 된다.

132 ★

한국직업사전에 수록된 부가직업정보 6가지를 작성하시오. (6점)

1) 육체활동
2) 정규교육
3) 숙련기간
4) 작업장소
5) 작업환경
6) 작업강도
* **기타 답안** : 직무기능, 유사명칭, 관련직업, 자격/면허, 조사연도,
   한국표준산업분류코드, 한국표준직업분류코드

133 ★★★

부가직업정보 중 작업강도의 육체적 힘의 강도 5단계를 쓰시오. (5점)

1) 아주 가벼운 작업
   : 최고 4kg의 물건을 들어올리고 때때로 장부, 대장, 소도구 등을 들어 올리거나 운반
2) 가벼운 작업
   : 최고 8kg의 물건을 들어올리고 4kg 정도의 물건을 빈번히 들어 올리거나 운반
3) 보통 작업
   : 최고 20kg의 물건을 들어올리고 10kg정도의 물건을 빈번히 들어 올리거나 운반
4) 힘든 작업
   : 최고 40kg의 물건을 들어올리고 20kg정도의 물건을 빈번히 들어 올리거나 운반
5) 아주 힘든 작업
   : 40kg이상의 물건을 들어올리고 20kg이상의 물건을 빈번히 들어 올리거나 운반

134 ★★★★★

한국표준산업분류의 산업결정방법 4가지를 설명하시오. (6점)

1) 생산단위의 산업활동은 주된 산업활동의 부가가치액에 따라 결정되며,
   부가가치액으로 결정 못하면 산출액으로 결정한다.
2) 계절에 따라 정기적으로 산업을 달리하는 경우에는
   조사대사 기간 중 산출액이 많았던 활동에 의하여 분류한다.
3) 휴업 중 또는 청산 중인 사업체는 휴업 전·청산 전 산업활동으로 결정하며,
   설립 중인 사업체는 개시하는 활동으로 결정한다.
4) 단일사업체의 보조단위는 그 사업체의 일개 부서로 포함하며,
   여러 사업체를 관리하는 중앙 보조단위(본부, 본사 등)는 별도의 사업체로 처리한다.

135 ★★★

고용정보를 미시정보와 거시정보의 정의와 해당하는 정보 2가지씩 적으시오.

1) **미시정보** : 개인이나 기업측면의 국한된 정보로 구인구직정보, 직업훈련정보, 임금정보 등
2) **거시정보** : 국가적, 사회적, 경제적 측면의 정보로 경제 및 산업동향, 고용실업동향 등

136 ★★★★★

직업정보 수집 과정 4단계 (직업정보 수집 및 대안 개발의 4단계)를 적으시오.

1) 1단계 : 직업분류 제시하기
2) 2단계 : 대안 만들기
3) 3단계 : 목록 줄이기
4) 4단계 : 직업정보 수집하기

137 ★★

정부가 출산 장려를 위하여 근로시간에 관계없이 일정금액의 육아비용 보조금을 지원하기로 했다. 이 육아비용 보조금이 부모의 근로시간에 미치는 효과를 다음 두 가지로 구분하여 설명하시오. (4점)

1) 부모가 육아 보조금이 지급되기 전에 경제활동에 참여하지 않고 있었던 경우
   : 정부로부터 지급받은 육아 보조금으로 자녀를 탁아시설에 맡기고
   경제활동에 참여하는 부모들이 생길 것이므로 부모의 근로 시간은 늘어날 것이다.
2) 부모가 육아 보조금이 지급되기 전부터 근로를 하고 있었던 경우
   : 정부의 육아 보조금 지급으로 비근로소득이 증가한다. 비근로소득의 증가는 일반적으로
   노동공급을 감소므로 부모의 근로시간은 줄어들 것이다.

138 ★

노동수요 특성별 임금격차를 발생하게 하는 경쟁적 요인 5가지를 적으시오.

1) 인적자본량 (노동의 질적 차이, 선천적 능력과 후천적 교육)
2) 생산성 차이
3) 보상적 임금격차
4) 시장의 단기적 불균형
5) 기업의 정당하고 합리적 효율성 임금정책

139 ★

산업별 임금격차가 발생하는 원인 세 가지를 쓰고 설명하시오. (6점)

1) **보상적 임금 격차**
   : 고용이 불안정하거나 작업 환경이 쾌적하지 못한 경우 고용을 유지하기 위해 높은 임금을 주어 임금격차가 발생한다.
2) **강력한 노동조합의 존재**
   : 강력한 노동조합이 존재하는 산업은 그렇지 못한 산업에 비해 임금 수준이 높다.
3) **노동생산성의 차이**
   : 노동 생산성이 높은 산업은 그렇지 못한 산업에 비해 임금이 높아 임금격차가 생긴다.

140 ★★★★

직업대안 선택 단계에서 내담자가 달성해야 하는 과제 4가지를 쓰시오. (4점)

1) 한 가지 선택을 하도록 준비하기
2) 직업들을 평가하기
3) 직업들 가운데서 한 가지를 선택하기
4) 선택의 조건을 고려하기

141 ★★★

측정의 신뢰도를 높이기 위해서는 측정오차를 최소로 줄여야 한다. 이를 위한 구체적 방법 3가지를 쓰시오. (6점)

1) 표준화된 검사도구 이용한다.
2) 검사실시와 채점과정을 표준화시킨다.
3) 균일한 검사조건을 유지하여 오차변량을 줄인다.
4) 신뢰도에 나쁜 영향을 주는 문항을 제거한다.
5) 문항수를 늘린다.
6) 문항 반응수를 늘린다.

142 ★★★★★

직무스트레스의 조절변인 3가지를 쓰고 설명하시오. (6점)

1) A · B 성격 유형(개인적 특성)
: A유형 행동은 경쟁적이고 성취욕이 높으므로 여유로운 B유형보다 스트레스를 쉽게 받는다.
2) 통제의 위치
: 외재적 통제 유형이 내재적 통제 유형에 비해 더 쉽게 스트레스를 받는다.
3) 사회적 지원
• 가정이나 친구, 직장 상사로부터 정서적, 심리적 지원을 받으면 스트레스가 조절된다.

143 ★

Hall이 제시한 경력발달 4단계를 순서대로 설명하시오. (4점)

1) **탐색기(정체성)**: 자신을 이해하고 정체성을 찾는다.
2) **확립기(친교성)**: 직업에 정착하려고 동료들과 관계를 발달시키며 상호작용한다.
3) **유지기(생산성)**: 생산성을 증가 시키려고 노력한다.
4) **쇠퇴기(통합성)**: 자신의 삶과 경력 등을 평가하며 자신의 결정에 대해 확신을 갖는다.

144

인지적 명확성의 부족을 나타내는 내담자 유형 6가지를 쓰시오. (6점)

1) 단순 오정보
2) 복잡한 오정보
3) 구체성의 결여
4) 원인과 결과의 착오
5) 자기인식의 부족
6) 비난하기

145

★★★★

투사적 검사의 장점을 자기보고식 검사와 비교하여 쓰시오.

(4점)

1) 자기보고식 검사는 한정된 답을 하는 반면 투사적 검사는 반응이 독특하고 풍부하다.
2) 자기보고식 검사는 사회적 바람직성과 반응경향성으로 왜곡이 나타날 수 있으나
　투사적 검사는 질문에 대한 방어가 어렵다.
3) 자기보고식 검사는 외현적 반응으로 무의식적 심리현상을 다루기 어려우나
　투사적 검사는 무의식적 심리 특성이 반영된다.

146

★

심리검사도구를 검사장면에 따른 준거장면에 따른 분류 3가지를 쓰고 설명하시오.

(6점)

1) **축소상황검사** : 실제 상황과 같지만 과제나 <u>직무를 축소</u>시켜
　　　　　　　수검자의 수행결과를 관찰하고 평가하는 검사이다.
2) **모의장면검사** : 실제 상황을 <u>인위</u>적으로 만들어
　　　　　　수검자의 수행과 성과를 관찰하고 평가하는 검사이다.
3) **경쟁장면검사** : 실제 상황과 <u>같은 상황</u>에서 실제문제 또는 작업을 제시하고
　　　　　　경쟁적으로 수행과 성과를 관찰하고 평가하는 검사이다.

147

★

어떤 사람의 직업적성을 알아보기 위해 같은 명칭의 A적성검사와 B적성검사를 두 번 반복 실시를 했는데, 두 검사의 점수가 차이를 보여 이 사람의 정확한 적성을 판단하기 매우 어려운 상황이 발생하였다. 이와 같은 동일명의 유사한 심리검사 결과가 서로 다르게 나타날 수 있는 원인 5가지를 쓰시오.

(5점)

1) 두 검사의 내용 및 난이도 차이
2) 두 검사 시행시간의 차이
3) 두 검사의 수행환경의 차이
4) 두 검사의 하위검사의 구성 차이
5) 문항의 반응 수 차이

148 ★★★

발달적 직업상담에서 Super는 진단이라는 용어 대신에 평가를 사용했다. Super가 제시한 3가지 평가를 쓰고 설명하시오. (6점)

1) **문제평가** : 내담자가 겪고 있는 직업문제와 직업상담에 대한 기대를 평가한다.
2) **개인평가** : 다양한 심리검사와 심층적 대화, 사례연구등을 통하여 내담자 개인을 평가한다.
3) **예언평가** : 문제 평가와 개인적 평가를 바탕으로 내담자가 어떤 직업에서 만족하고 성공할지를 예측한다.

149 ★

한국표준직업분류에서 직무의 유사성 기준 4가지를 쓰시오. (4점)

1) 지식
2) 경험
3) 기능
4) 직무수행자가 입직을 하기 위해서 필요한 요건(스킬)

150 ★★

직업상담과정 5단계를 쓰시오. (5점)

1) 관계형성
2) 진단
3) 목표설정
4) 개입
5) 평가

001

하렌의 의사결정 유형을 쓰시오.

1) **합리적 유형** : 의사결정에 대해서 논리적이고 체계적으로 접근하는 유형
2) **직관적 유형** : 의사결정에 있어서 즉각적인 느낌과 감정에 따라 결정하는 유형
3) **의존적 유형** : 의사결정에 대한 개인적 책임을 부정하고 외부로 책임을 돌리는 경향이 높은 유형

002

학생들에게 과거에 어떤 방식으로 결정했는가를 알아보기 위해 면접을 통해 확인하는 딘클라게의 의사결정 유형 중 효과적인 유형 2가지를 쓰시오. (4점)

1) **계획형**
2) **직관형**
※ 8가지중 2가지를 제외하고는 모두 비효과적인 유형으로 구분된다.
  - 효과적 : 계획형, 직관형
  - 비효과적 : 순응형, 운명론형, 충동형, 지연형, 번민형, 마비형

003

협업에서 가장 중요한 것 중 하나는 의사소통이다. 이러한 의사소통은 관계의 집중도에 따라 6단계로 나누어진다. 관계의 집중도에서가장 약한 단계와 가장 강한 단계를 쓰시오.

1) **가장 약한 단계** : 의사소통
2) **가장 강한 단계** : 통합
※ 관계집중도에 따른 의사소통의 6단계

의사소통	협력	조정	협업	융합	통합

<-->
약함   관계의 집중도   강함

004

직업상담에서의 행정은 사무적 일과 인간 간의 관계 혹은 사무와 인간간의 관리적 의미한다. 이 때 필요한 기술 3가지를 작성하시오.

1) **사무처리기술** : 생산되는 정보를 효율적으로 관리하는 기술
2) **인화적 기술** : 타인과 원활하게 일할 수 있도록 하는 기술
3) **구상적 기술** : 상황파악적 기술

005

직업상담시 필요한 각종 서식 중 초기면담 기록지에 포함되어야 할 내용 5가지를 작성하시오.

1) 내담자의 표정, 태도, 옷차림 등에 대한 상세한 정보
2) 상담하러 오게 된 경위
3) 가계도
4) 주요 호소 문제 파악
5) 상담자의 평가와 의견을 제시

006

진로 분야에 있어 가치가 있는 자본의 독특한 형태를 진로자본이라고 한다. 이러한 진로자본의 핵심역량 3가지를 쓰고 설명하시오.

1) **진로성숙역량** : 자신의 진로에 대해 갖고 있는 태도와 관점
2) **전문지식역량** : 개인의 진로 관련 기술과 업무지식
3) **인적관계역량** : 다양한 형태의 인간관계 및 사회적 연결망을 발전시키는 능력

007

취업활동계획에서 고려해야 할 직업정보 중 선행되어야 하는 분석정보 3가지를 쓰시오.

1) 개인에 대한 정보
2) 직업에 대한 정보
3) 미래에 대한 정보

조앤(Joann)의 직업정보의 활용 단계를 작성하시오.

1) 1단계 : 직업선택 인식
2) 2단계 : 개인의 직업특성 평가
3) 3단계 : (적합한) 직업의 목록화
4) 4단계 : 직업정보의 수집
5) 5단계 : 직업 결정
6) 6단계 : 선택직업 진입을 위한 실천 행동

개인정보보호의 중요성이 점차 중요해지고 있다. 직업상담시 정보보안 원칙에 대해 쓰고 설명하시오.

1) **기밀성** : 허락되지 않은 사람들에게는 정보를 제공하지 않는 것
2) **무결성** : 허락되지 않은 사람들이 정보를 수정할 수 없도록 하는 것
3) **가용성** : 허락된 사용자는 정보에 접근이 자유로울 것

진로설계지원시 보다 구체적인 실행을 위해 GROW 코칭을 적용하여 내담자를 돕는다. GROW에 해당하는 세부 내용을 작성하시오.
(= 진로설계지원시 문제 정의, 원인 파악, 해결안 모색, 실행 등 일반적인 문제 해결 프로세스로 단순하며 적용이 쉬워 가장 많이 활용되는 모델을 작성하시오.)

1) 모델 : GROW 코칭
2) 세부 내용 : 목표(Goal) 현실(Reality), 대안(Option), 실행의지(Will)

기출 및 기출확장 : 빈출 문제

001

직업대안을 만들고 선택 시 과제 4가지를 기술하시오.

1) 한 가지 선택을 하도록 준비하기
2) 직업들을 평가하기
3) 직업들 가운데서 한 가지를 선택하기
4) 선택조건에 이르기

002

미네소타 다면적 인성검사(MMPI)의 임상척도를 쓰시오.

건강염려증, 우울증, 히스테리, 반사회성, 남성성 - 여성성, 편집증, 강박증, 조현병, 경조증, 내향성

003

공공 고용안정기관의 기능 3가지를 쓰시오.

1) 직업상담
2) 직업지도
3) 고용보험 적용 및 사업 집행
※ 기타
   국민취업지원제도 시행, 고용정보 수집·분석·체계화·가공·제공, 민간고용안정기관에 대한 지도 · 감독

004

다음 홀랜드 흥미유형 결과 SAE가 도출되었을 때 간략하게 해석하시오.

1) 내담자는 사회형(S), 예술형(A), 진취형(E)의 성격유형으로서
   흥미코드가 인접하여 있어 일관성이 높고 진로결정 방향이 안정적이라 할 수 있다.

005

상담 시 도움이 되지 않는 언어적행동, 비언어적 행동 3가지씩 쓰시오.

1) **언어적 행동** : 충고, 비난, 타이름
2) **비언어적 행동** : 조소, 찡그리기, 언짢은 표정
  　　　　　　　내담자를 멀리 쳐다보는 것
  　　　　　　　내담자로부터 떨어져 앉거나 돌아앉는 것

006

직업카드 심리검사에서 가치사정의 역할을 3가지 쓰시오.

1) 자기 인식(self - awareness)의 발전
2) 역할 갈등의 근거에 대한 확정
3) 저수준의 동기, 성취의 근거 확정

007

즉시성은 상담자가 상담자 자신의 바람은 물론 내담자의 느낌, 인상, 기대 등에 대해서 이를 깨닫고 대화를 나누는 것을 의미한다. 즉시성이 유용한 경우를 5가지를 쓰시오.

1) 방향감이 없는 관계의 경우
2) 긴장이 감돌고 있을 경우
3) 신뢰성에 의문이 제기될 경우
4) 상담자와 내담자 간에 상당한 정도의 사회적 거리가 있을 경우
5) 내담자 의존성이 있을 경우

008

다음 설명을 보고 무엇에 대한 설명인지 쓰시오

(ㄱ)	자진 사직 또는 자발적 이직이라고 하며, 근로자가 자신의 희망에 의하여 또는 스스로 이직하는 경우
(ㄴ)	기업이 정당한 사유 [회사의 규칙을 위반하는 등 근로자 귀책사유]로 근로자를 면직시키는 경우
(ㄷ)	직업이나 직장을 떠나서 다른 직업으로 전환하는 것 진로를 전환하거나 일을 전환하거나 직무를 전화하는 모든 것을 포함하여 직업을 바꾸거나 다른 일로 가거나 하던 일로 돌아오는 것 등을 포함
(ㄹ)	근로자의 귀책사유 없이 기업의 가동률 저하로 인하여 근로자가 기업으로부터 일시적으로 해고되는 경우
(ㅁ)	우리 나라의 퇴직 지원 시스템 구축에서 가장 먼저 도입된 제도 정년 연장 또는 정년 후 재고용을 하면서 일정 연령, 근속 기준을 기준으로 임금을 감액하는 제도

1) (ㄱ) : 사직
2) (ㄴ) : 해고
3) (ㄷ) : 전직
4) (ㄹ) : 일시해고
5) (ㅁ) : 임금피크제

009

경력개발 단계 중 '경력초기'에 대한 특징을 쓰시오.

1) 직무와 조직의 규칙과 규범에 대하여 배우게 된다.
2) 자신이 맡은 업무의 내용을 파악하고, 분위기를 알고 적응해 나간다.

> 📝 cf) 아래 문제와 구별
>
> 초기면담에서 종결시 수행되어야 할 내용 3가지를 작성하시오.
>
> 1) 상담과정에서 필요한 과제물을 부여
> 2) 조급하게 내담자에 대한 결론을 내리지 않음
> 3) 내면적 가정이 외면적 가정을 논박하지 못하도록 수행
> 기타. 상담자와 내담자가 상호 대화를 정확히 이해했는지 확인하고 동의를 점검하는 과정이 필요

살로몬의 의사결정시 우유부단의 원인 4가지를 작성하시오.

1) 실패에 대한 공포
2) 중요한 타인들의 영향
3) 완벽하려는 욕구
4) 성급한 결정 내리기

"직업상담사 2급 2차 실기 역시 기출이 핵심입니다.
이번에야 말로 될 때까지 반복을 강조합니다."

기출 문제

01 로저스는 내담자 중심 상담을 성공적으로 이끄는 데 있어서 상담자의 능동적 성향을 강조하였다. 내담자 중심 상담법을 사용할 때, 직업상담사가 갖추어야 할 3가지 기본 태도에 대하여 설명하시오. (6점)

-
-
-

문제핵심용어

1. 직업상담사가 갖추어야 할 3가지 기본 태도
2. 내담자 중심 상담에서의 상담기법

정답 핵심 용어 : 일 무 공

참고 사항 : '3가지 쓰시오' 일 경우 단답형 작성
   → 일치성, 무조건적 수용, 공감적 이해

심플 답안

- 일치성 : 상담사는 진실하고 (내담자에 대하여) 개방적이어야 한다.
- 무조건적 수용 : 내담자를 있는 그대로 받아 드리며 존중한다.
- 공감적 이해 : 상담자가 내담자의 입장에서 내담자를 깊게 이해하면서도, 자신의 길을 잃지 않는다.

모범 답안

- 일치성 : 상담자가 상담관계에서 느낀 감정과 태도를 솔직하게 인정하고 표현하는 자세를 의미한다.
- 무조건적 수용 : 내담자를 있는 그대로 받아 드리며 긍정적으로 존중한다.
- 공감적 이해 : 상담자가 내담자의 입장에서 내담자를 깊게 이해하면서도, 자신의 역할과 자세를 잃지 않는다.

나만의 정리 답안

-
-
-

02 생애진로사정(LCA)의 구조 중 진로사정의 3가지 부분을 각각 설명하시오. (6점)

- ●
- ●
- ●

---

1. 생애진로사정 구조 중 진로사정
정답 핵심 용어 : 직업, 교육, 여가
참고 사항 : '생애진로사정 구조를 쓰시오' 일 경우 단답형 작성
　　　　　 → 진로사정, 전형적인 하루, 장점과 장애, 요약

심플 답안

- 직업 경험 : 일의 경험과 관련하여 좋았던 점과 싫었던 점을 사정한다.
- 교육 또는 훈련과정 : 교육 또는 훈련과정과 관련하여 좋았던 점과 싫었던 점을
　　　　　　　　　　사정한다.
- 여가 시간 : 여가시간을 어떻게 보내는지 사정한다.

모범 답안

- 직업 경험 : (상담자는 내담자에게) 종사했던 직업의 경험에서 좋았던 점과 싫었던 점을 사정한다.
- 교육 또는 훈련과정 : (상담자는 내담자에게) 그동안 경험했던 교육 또는 훈련과정과 관련하여
　　　　　　　　　　좋았던 점과 싫었던 점을 물어 사정한다.
- 여가 시간 : (상담자는 내담자에게) 평소 여가시간을 어떻게 활용하는지 사정한다.

나만의 정리 답안

- ●
- ●
- ●

03 행동주의 직업상담의 상담기법인 적응행동 증진기법 3가지를 쓰고 설명하시오. (6점)

●

●

●

....

문제 핵심 용어

1. 행동주의 상담기법 중 (적응행동 증진기법 = 학습촉진기법)

정답 핵심 용어 : 강 대리 변별

참고 사항 : 행동주의 상담기법은 크게 불안감소기법과 학습촉진기법으로 나누어짐

　　　　　대부분 단답형 '쓰시오'로 출제

　　　　　• 불안감소기법 : 체계적 둔감법, 자기주장, 홍수법

　　　　　• 학습촉진기법 : 강화, 대리학습, 변별학습

....

심플 답안

• 강화 : 내담자의 행동에 대하여 긍정적 또는 부정적 반응을 보임으로서
　　　　내담자의 바람직한 행동의 빈도를 높인다.
• 대리학습 : 다른 사람들의 행동에 대해 관찰 · 모방하여 학습하도록 한다.
• 변별학습 : 검사도구들을 사용하여 자신의 능력과 태도 등을 변별하고 비교하여 학습하도록 한다.

모범 답안

• 강화 : 내담자의 행동에 대하여 상담자는 긍정적 또는 부정적 반응을 보임으로서
　　　　내담자의 바람직한 행동의 빈도를 높여 강화시킨다.
• 대리학습 : 다른 사람들의 행동에 대해 관찰하고 모방하여 학습하도록 한다.
• 변별학습 : 검사도구들을 사용하여 자신의 능력과 태도 등을 구별 · 변별하고 비교하여 학습하도록 한다.

....

나만의 정리 답안

●

●

●

04 자기보고식 가치사정하기에서 가치사정 기법 3가지를 쓰시오. (6점)

- ●
- ●
- ●

....

문제 핵심 용어

1. 가치사정기법

정답 핵심 용어 : 존백 과거 절정경험 자유 체크

참고 사항 : 항상 단답형으로 출제

　　　　　'회상하기', '기술하기', '사용하기'가 핵심용어와 매칭되어야 함

　　　　　'3가지 쓰시오'일 경우 3가지만,

　　　　　'6가지 쓰시오'일 경우 6가지 모두 작성

....

모법 답안

- 존경하는 사람 기술하기
- 백일몽 말하기
- 과거의 선택 회상하기
- 절정경험 조사하기
- 자유시간과 금전 사용하기
- 체크목록 가치순위 정하기

....

나만의 정리 답안

- ●
- ●
- ●

05 직업적응이론(TWA)에서 중요하게 다루는 직업가치 5가지를 쓰시오. (5점)

- ●
- ●
- ●
- ●
- ●

1. 직업적응이론에서의 직업가치
2. 미네소타중요도검사(MIQ) 6개 가치요인
정답 핵심 용어 : 지성이 편안 (남)자
참고 사항 : 6가지 가치 중 '6가지', '5가지', '3가지 쓰시오' 모두 출제

- 지위
- 성취
- 이타심
- 편안
- 안정
- 자율

📂 **변형 예상) ' 설명하시오' 로 출제될 경우 핵심 용어만 덧붙이도록 함**
- 지위 - 타인으로부터의 인정, (사회적) 명성
- 성취 - 자신의 능력을 사용하여 목적을 이룸
- 이타심 - 타인과의 조화
- 편안 - 편하고 스트레스를 받지 않는 것
- 안정 - 안정적인 작업환경, 예측 가능한 환경
- 자율 - 독립적, 자유로운 결정

- ●
- ●
- ●
- ●
- ●

06 노동부 성격검사는 성격의 5요인 모델에 근거하고 있다. 5요인을 열거하고 각 요인을 간단히 설명하시오.

- ●
- ●
- ●
- ●
- ●

....

문제 핵심 용어

1. 성격의 5요인
2. Big-5

정답 핵심 용어 : 외 호 성 경 정

　　　　　　　　외로울때 호기심으로 성겸험하면 정서적 불안정성이 높아짐

참고 사항 : 처음으로 '쓰고 설명하시오'로 출제, 배점이 10점으로 할당

　　　　　　대부분 단답형 '쓰시오'로 5점 출제, 항목당 1점 기준으로 부분점수 적용

....

심플 답안

- 외향성 : 타인과의 상호작용을 원하는 정도를 측정한다.
- 호감성 : 타인의 조화로운 관계를 유지하는 정도를 측정한다.
- 성실성 : 사회적 규범을 지키려는 정도를 측정한다.
- 경험에 대한 개방성 : 새로운 세계나 다양한 경험에 대한 관심과 수용의 정도를 측정한다.
- 정서적 불안정성: 정서적으로 안정된 정도를 측정한다.

모범 답안

- 외향성 : 타인과의 상호작용을 원하고 타인의 관심을 끌고자 하는 정도를 측정한다.
- 호감성 : 타인과 편안하고 조화로운 관계를 유지하는 정도를 측정한다.
- 성실성 : 사회적 규범과 원칙 등을 지키려는 정도를 측정한다.
- 경험에 대한 개방성 : 새로운 세계에 대한 관심과 호기심, 다양한 경험에 포용력 정도를 측정한다.
- 정서적 불안정성: 정서적으로 얼마나 안정되어 있는지의 정도를 측정한다.

....

나만의 정리 답안

- ●
- ●
- ●
- ●
- ●

07 심리검사와 관련하여 준수해야 할 윤리강령이 있다. 이 중 평가기법과 관련하여 준수해야 할 강령 3가지 기술하시오.

- ●

- ●

- ●

....

....

심플 답안

✓ 6가지 중 편한 문항부터 3가지 먼저 암기!

- 훈련받지 않은 사람이 심리검사를 이용하지 않도록 한다.
- 수검자는 검사의 목적과 본질을 알 권리가 있다.
- 상담자는 심리 검사 사용시 수검자가 이해하기 쉬운 용어로 설명해야 한다.
- 새로운 검사도구를 개발하고 표준화할 때 기존의 과학적 절차를 따라야 한다.
- 평가 결과가 시대에 뒤떨어질 수 있음을 인식해야 한다.
- 심리검사를 실시할 때 신뢰도와 타당도가 높은 검사를 사용해야 한다.

모범 답안

- 적절한 훈련이나 교습을 받은 사람이 심리검사를 실시해야 한다.
- 상담자는 검사의 목적과 본질을 수검자에게 충분히 설명해 주어야 한다.
- 상담자는 심리 검사 사용시 수검자가 이해할 수 있는 용어로 눈높이에 맞추어 설명해야 한다.
- 새로운 기법과 검사도구를 개발하고 표준화할 때 기존의 과학적 절차를 충분히 지켜야 한다.
- 평가 결과가 시대에 뒤떨어질 수 있음을 인정해야 한다.
- 심리검사를 실시할 때 신뢰도와 타당도가 높은 즉 보장된 검사를 사용해야 한다.

....

나만의 정리 답안

- ●

- ●

- ●

08 투사적 검사와 비교하여 객관적 검사의 장점 3가지를 쓰시오. (6점)

- ●
- ●
- ●

---

1. 객관적 검사의 장점

정답 핵심 용어 : 시행이 용이, 비용이 경제적, 높은 신뢰도와 타당도, 객관성 보장

참고 사항 : 투사적 검사와 비교하여 작성

       - 객관적 검사 장점 3가지를 작성하는 것은 6점 만점에 해당하지 않음

심플 답안

- 투사적 검사에 비해 객관적 검사는 시행, 채점, 해석이 간편하다.
- 투사적 검사에 비해 객관적 검사는 시행 시간이 비교적 짧다.
- 투사적 검사에 비해 객관적 검사는 신뢰도와 타당도가 검증되어 있다.

모범 답안

- 투사적 검사는 시행, 채점, 해석이 상대적으로 복잡하나
  객관적 검사는 시행, 채점, 해석이 간편하다.
- 투사적 검사는 시행 시간이 긴 편이나
  객관적 검사는 시행 시간이 비교적 짧다.
- 투사적 검사는 검사 제작시 신뢰도와 타당도 검증이 어렵고 빈약하나
  객관적 검사는 투사적 검사에 비해 신뢰도와 타당도에 대한 증거확보에 유리하다.

기타 답답

- 투사적 검사는 전문적 검사자가 필요하지만,
  객관적 검사는 전문적인 검사가가 반드시 필요한 것은 아니다.
- 투사적 검사는 반응에 대한 검사자의 상황적 요인이 발생하지만,
  객관적 검사는 검사자의 상황적 요인이 발생하지 않음으로 객관성이 증대된다.

나만의 정리 답안

- ●
- ●
- ●

09 모집단에서 규준집단을 구성하기 위한 표본추출 방법에는 확률표집과 비확률표집이 있다. 확률표집방법 3가지를 쓰고 설명하시오. (6점)

- ●
- ●
- ●

심플 답안

- 단순무선표집 : 모집단의 구성요소들이 표본에 속할 확률이 동일하도록 표집하는 방법이다.
- 층화표집 : 모집단이 규모가 다른 몇 개의 이질적인 하위집단으로 구성되어 있는 경우 사용하는 방법이다.
- 집락표집 : 모집단을 서로 동질적인 하위집단으로 구분하여 집단 자체를 표집하는 방법이다.

모범 답안

- 단순무선표집
  : 모집단의 구성요소들이 표본에 속할 확률이 동일하도록 표집하는 방법이다.
    예를 들어 구성원들에게 일련번호를 부여해 무작위로 표집하는 방법이다.
- 층화표집
  : 모집단이 규모가 다른 몇 개의 이질적인 하위집단으로 구성되어 있는 경우
    사용하는 방법이다. 예를 들어 모집단이 종교를 가진 집단이라면 각 종파별로 표집하는 방법이다.
- 집락표집
  : 모집단을 서로 동질적인 하위집단으로 구분하여 집단 자체를 표집하는 방법으로
    전국 1학년 학생을 표지하는 경우 한 학교에서 1학년을 대표하기 위해 한 반을 선정하는 방법이다.

기타 답안

- 체계적 표집 : 첫번째는 무작위로 선정한 후 선정한 것을 기준으로 체계적으로 표집하는 방법이다.

나만의 정리 답안

- ●
- ●
- ●

10 직업심리검사에서 신뢰도를 추정하는 방법에 대해 설명하시오. (6점)

- ●
- ●
- ●

....

문제 핵심 용어

1. 신뢰도 추정 방법

정답 핵심 용어 : 내적 동형 재검사

참고사항 : '검사-재검사 신뢰도, 동형 검사 신뢰도, 내적 합치도를 설명하시오'로도 출제

....

심플 답안

- 검사-재검사 신뢰도
  : 동일한 검사를 동일한 수검자에게 일정시간 간격을 두고 두 번 실시하여 얻은
    두 검사 점수의 상관계수를 비교한다.
- 동형 검사
  : 첫 번째 검사와 동등한 유형의 검사를 동일한 수검자에게 실시하여 얻은
    두 검사 점수의 상관계수를 비교한다.
- 내적 신뢰도
  : 한 개의 검사를 실시하고 그 검사의 문항을 동형이 되도록 두 개의 검사로 나누어
    두 검사 점수의 상관계수를 비교한다.

모범 답안

- 검사-재검사 신뢰도
  : 동일한 검사를 동일한 수검자에게 일정시간 간격을 두고 두 번 실시하여 얻은
    두 검사 점수의 상관계수를 비교하여 '안정성 계수'라고도 한다.
- 동형 검사
  : 첫 번째 검사와 검사의 성격이나 목표, 구성내용, 문항수, 실시과정, 난이도 등
    모든 면에서 최대한 동등한 유형의 검사를 동일한 수검자에게 시행하여 얻은
    두 검사 점수의 상관계수를 비교한다.
- 내적(반분) 신뢰도
  : 한 개의 검사를 실시하고 그 검사의 문항을 동형이 되도록 두 개의 검사로 나누어
    두 검사 점수가 어느 정도 일치하는가를 상관계수를 통해 추정한다.

....

나만의 정리 답안

- ●
- ●
- ●

11 슈퍼(super)의 흥미사정기법 3가지에 대해 쓰고 설명하시오. (6점)

- ●

- ●

- ●

. . . .

문제 핵심 용어

1. 슈퍼의 흥미사정기법
정답 핵심 용어 : 표조조
참고 사항 : 슈퍼가 빠진 '흥미사정기법'과 정답이 다름

수퍼의 흥미사정기법	흥미사정기법
표조조	작직직
표현된 흥미 조작된 흥미 조사된 흥미	작업경험 직업선호도검사 직업카드분류

. . . .

심플 답안

- 표현된 흥미 : 어떤 활동에 대해 좋고 싫음을 간단하게 말로 표현하도록 질문한다.
- 조작된 흥미 : 작업경험과 체험을 바탕으로 어떻게 시간을 보내는지 관찰한다.
- 조사된 흥미 : 개인의 다양한 활동에 대한 표준화된 검사를 실시한다.

모범 답안

- 표현된 흥미
  : 개인이 어떤 것에 관심이 있다고 표현한 것에 대해 흥미가 있다고 사정하는 것으로
    어떤 활동에 대해 좋고 싫음을 간단하게 말로 표현하도록 질문한다.
- 조작된 흥미
  : 특정 활동에 대해 질문을 하거나
    활동에 참여하는 사람들이 어떻게 시간을 보내는지 관찰함으로서
    작업경험을 분석하여 흥미를 사정한다.
- 조사된 흥미
  : 개인의 다양한 활동에 대해 좋고 싫음을 선택하는 표준화된 검사를 통해 흥미를 사정한다.

. . . .

나만의 정리 답안

- ●

- ●

- ●

12 일반적으로 경력단계는 초기, 중기, 말기 경력으로 구분할 수 있다. 경력단계별 경력개발 프로그램의 예를 각 1가지씩 제시하시오. (3점)

●

●

●

문제 핵심 용어

1. 경력단계별 경력개발프로그램

정답 핵심 용어 : 워크숍 순환 은퇴

참고 사항 : 예를 1가지씩 제시하라고 할 때는 1가지만 작성

아는 것이 더 있다고 2가지 작성하지 않음에 주의!

심플 답안

• 초기 경력 : 경력 워크숍
• 중기 경력 : 직무순환제도
• 말기 경력 : 은퇴 전 프로그램

기타 답안

• 초기 경력 : 경력 워크숍, 인턴십, 사전직무안내
• 중기 경력 : 직무순환제도
• 말기 경력 : 은퇴 전 프로그램

나만의 정리 답안

●

●

●

13 직무분석을 하는 목적은 직무기술서나 직무명세서를 만들고 이로부터 얻어진 정보를 여러 모로 활용하는 데 있다. 직무분석으로 얻어진 정보의 용도 6가지를 쓰시오. (6점)

-
-
-
-
-
-

문제 핵심 용어

1. 직무분석 자료의 용도
정답 핵심 용어 : 모배교 직원임
참고 사항 : '4가지~6가지 쓰시오'로 출제됨

심플 답안

- 모집, 선발
- 배치 및 경력개발
- 교육 및 훈련
- 직무수행평가
- 정원관리
- 임금관리, 안전관리 등을 위한 자료로 활용

모범 답안

- 모집, 선발, 교육 등의 기초 자료로 활용된다.
- 배치 및 경력개발. 인사관리에 활용된다.
- 교육 및 훈련의 내용 및 목표를 결정한다.
- 직무수행평가에 활용한다.
- 정원관리 및 인력수급계획을 수립한다.
- 임금관리, 안전관리 등을 위한 자료로 활용한다.

나만의 정리 답안

-
-
-
-
-
-

14 특정 시기의 고용 동향이 다음과 같을 때 임금근로자 수를 구하시오. (3점)

- 15세 이상 인구 : 35,986천명
- 비경제활동인구 : 14,716천명
- 취업자 : 20,148천명
  (자영업자 : 5,645천명, 무급 가족봉사자 : 1,684천명, 상용근로자 : 6,113천명,
  임시 근로자 : 4,481천명, 일용 근로자 : 2,225천명)

●

문제 핵심 용어

1. 임금근로자
정답 핵심 용어 : 상 임 일

심플 답안

- 임금근로자 수 = 상용근로자 수 + 임시근로자 수 + 일용근로자 수
  = 6,113천명 + 4,481천명 + 2,225천명
  = 12,819천명

나만의 정리 답안

●

15 고용률 50%, 비경제활동인구 400명, 실업자 수 50명일 때의 실업률을 구하시오. (5점)

●

문제 핵심 용어

1. 고용률, 비경제인구, 실업자, 실업률

심플 & 모범 답안

$$
\text{생산 가능 인구} \quad \left[\begin{array}{l} \text{경제활동인구} \\ X \end{array} \left[\begin{array}{l} \text{취업자} \\ X-50 \\ \\ \text{실업자} \\ 50 \end{array} \right. \right.
$$

생산 가능 인구 X +400

경제활동인구 X

비경제활동인구 400

취업자 X - 50

실업자 50

• 고용률 $= \dfrac{\text{취업자}}{\text{생산가능인구}} \times 100$

$50 = \dfrac{X-50}{400+X} \times 100$

$\dfrac{50}{100} = \dfrac{X-50}{400+X}$

$\rightarrow \dfrac{1}{2} = \dfrac{X-50}{400+X}$

$\rightarrow (400 + X) = 2(X - 50)$

$\rightarrow 400 + X = 2X - 100$

$\rightarrow 400 + 100 = 2X - X$

$\rightarrow 500 = X$

• 실업률 $= \dfrac{\text{실업자}}{\text{경제활동인구}} \times 100 = \dfrac{50}{500} \times 100 = 10\%$

나만의 정리 답안

●

16 한국직업사전에 수록된 부가직업정보 5가지를 쓰시오. (5점)

- ●
- ●
- ●
- ●
- ●

---

1. 한국직업사전의 부가직업정보
정답 핵심 용어 : 육정숙 작작작
참고 사항 : 13가지 부가직업정보 중 '3~6개를 쓰시오'로 출제

심플 답안

• 육체활동	• 작업환경
• 정규교육	• 작업강도
• 숙련기간	• 작업장소

기타 답안

• 육체활동	• 작업환경	• 직무기능
• 정규교육	• 작업강도	• 유사명칭
• 숙련기간	• 작업장소	• 관련직업
• 자격면허	• 한국표준산업분류 코드	
• 조사연도	• 한국표준직업분류 코드	

나만의 정리 답안

- ●
- ●
- ●
- ●
- ●

17 한국표준직업분류에서 '직업'으로 규정하는 요건 3가지를 쓰고 설명하시오. (6점)

-
-
-

....

....

심플 답안

• 계속성 : 연속, 계속해서 하는 일이어야 한다.
• 경제성 : 노동의 대가로 수입이 있어야 한다.
• 윤리성 : 비윤리적, 반사회적인 직업이 아니어야 한다.

모범 답안

• 계속성 : 유사성을 갖는 직무를 계속 수행하여야 한다.
• 경제성 : 경제적인 거래 관계가 성립하는 활동이어야 한다.
• 윤리성 : 비윤리적인 이윤추구와 반사회적 행위는 직업으로 볼 수 없다.

기타 답안

• 비속박성 : 속박된 상태에서의 모든 행위는 직업으로 볼 수 없다.

....

나만의 정리 답안

-
-
-

18 한국표준산업분류 개요 중 산업과 산업활동의 정의에 대해 설명하시오. (4점)

- ●
- ●

....

1. 산업과 산업활동의 정의
정답 핵심 용어 : 유사한 성질, 생산단위의 집합
참고사항 : '산업, 산업활동, 산업활동의 범위'까지 출제

....

심플 답안

- 산업 : 유사한 성질을 갖는 산업 활동에 주로 종사하는 생산단위의 집합이다.
- 산업활동 : 유사한 성질을 갖는 생산단위의 집합체가 재화 또는 서비스를 생산 · 제공하는 활동이다.

모범 답안

- 산업 : 유사한 성질을 갖는 산업 활동에 주로 종사하는 생산단위의 집합이다.
- 산업활동 : 각 생산단위가 노동, 자본, 원료 등 자원을 투입하여,
  재화 또는 서비스를 생산 또는 제공하는 일련의 활동 과정이다.

기타 답안

- 산업활동의 범위 : 영리적, 비영리적 활동이 모두 포함되나 가정 내 가사활동은 제외한다.

....

나만의 정리 답안

- ●
- ●

01 윌리암슨이 제시한 특성-요인 직업상담에서 검사의 검사해석에 사용하는 상담 기법 3가지를 쓰시오. (6점)

-
-
-

......

문제 핵심 용어

1. 특성-요인 직업상담 상담기법
정답 핵심 용어 : 설명, 설득, 직접충고
참고사항 : 해당 문제는 '쓰시오'로 단답형 문제
　　　　　　일반적으로 이 문제는 '쓰고 설명하시오'로도 빈번히 출제되었음

......

심플 답안

- 설명
- 설득
- 직접충고

기타 답안

- 설명 : 상담자가 검사자료를 해석하여 내담자의 진로선택을 돕는 것이다.
- 설득 : 상담자가 내담자에게 합리적이고 논리적인 방법으로 검사자료를 제시하는 것이다.
- 직접충고 : 검사 결과를 바탕으로 상담자가 내담자에게
　　　　　　자신의 견해를 솔직하고 분명하게 표명하는 것이다.

......

나만의 정리 답안

-
-
-

02 체계적 둔감법의 의미와 단계를 쓰고 설명하시오.

(5점)

●

●

....

문제 핵심 용어

1. 체계적 둔감법

참고사항 : 불안위계목록 작성시 차례차례 단계별이라는 의미의 '위계'가 빠지면 감점

....

심플 답안

• 의미 : 불안을 감소시키는 행동주의의 대표적인 기법이다.

• 단계 :

1단계 근육이완훈련

    - 근육이완훈련으로 몸의 긴장을 풀도록 한다.

2단계 불안위계목록 작성

    - 불안을 일으키는 자극들 중 불안을 가장 약하게 일으키는 것부터 시작하여 강하게 일으키는 것으로
순서대로 작성한다.

3단계 체계적 둔감화

    - 내담자로 하여금 이완된 상태에서 불안을 일으키는 장면을 상상하도록 유도하여
불안 위계표에 따른 불안반응을 점차적으로 경감 혹은 제거해 나간다.

모범 답안

• 의미 : 상호억제원리가 바탕된 불안을 감소시키는 행동주의의 대표적인 기법이다.

• 단계 :

1단계 근육이완훈련

    - 근육이완훈련으로 몸의 긴장을 풀 수 있는 방법을 알려준다.

2단계 불안위계목록 작성

    - 불안을 일으키는 자극들의 목록을 작성하고,
자극들을 불안을 가장 약하게 일으키는 것부터 시작하여 강하게 일으키는 것으로
순서대로 배열한다.

3단계 체계적 둔감화

    - 내담자로 하여금 이완된 상태에서
불안을 일으키는 장면을 상상하도록 유도하여
불안 위계표에 따른 불안반응을 점차적으로 경감 혹은 제거해 나간다.

....

나만의 정리 답안

●

●

03 게슈탈트 상담기법 중 3가지를 쓰고 설명하시오. (6점)

- ●

- ●

- ●

....

....

심플 답안

- 과장하기 : 내담자로 하여금 행동이나 언어를 과장하여 표현하게 하여 자신의 감정을 명확하게 알게 도와준다.
- 빈의자 기법 : 특정한 사람이 빈의자에 앉아 있다고 상상하고 대화를 나누도록 유도한다.
- 꿈작업 : 꿈을 현실로 재현하도록 하여 꿈의 각 부분을 연기하도록 한다.

모범 답안

- 과장하기 : 내담자로 하여금 행동이나 언어를 과장하여 표현하게 함으로써 내담자가 자신의 감정을 명확하게 자각할 수 있도록 한다.
- 빈의자 기법 : 미해결과제의 사람이나 특정한 사람이 빈의자에 앉아 있다고 상상하고, 하고싶은 말과 행동을 시도함으로 내담자의 감정을 명료화 시킨다.
- 꿈작업 : 꿈을 현실로 재현하도록 하여 꿈의 각 부분을 연기하며 동일시 해 보도록 한다.

기타 답안

- 욕구와 감정자각
- 반대로 하기
- 직면

....

나만의 정리 답안

- ●

- ●

- ●

실존주의 상담으로 출제확률이 낮아짐

04 실존주의 상담에서의 인간본성에 대한 기본가정 4가지를 쓰시오. (4점)

●

●

●

●

문제 핵심 용어

1. 실존주의 상담에서의 인간 본성
2. 실존주의 상담에서의 기본 가정

정답 핵심 용어 : 인간본성은 죽자초성

참고사항 : 실존주의 상담자들의 궁극적 관심사와 주제 '죽자의진'과 구별

· ·

심플 답안

- 인간은 언젠가 죽을 수밖에 없는 유한한 존재라는 것을 아는 존재이다.
- 인간은 자유로운 존재이다.
- 인간은 과거에서 벗어나 자신을 초월할 능력을 가지고 있다.
- 인간은 완성을 향해 나아가는 존재이다.

모범 답안

- 인간은 언젠가 죽는다는 사실을 알고 자기 스스로 그것을 자각하는 존재이다.
- 인간은 자유로운 존재인 동시에 자신을 스스로 만들어 가는 존재이다.
- 인간은 과거 및 자기 자신을 초월할 수 있는 능력을 가지고 있다.
- 인간은 항상 변화하는 상태에 있는 존재이다.

· ·

나만의 정리 답안

●

●

●

●

05 수퍼(Super)는 직업상담에서 자아탐색, 의사결정, 현실 검증 등 이성적 측면들과 정서적 측면들이 모두 다루어져야 한다고 주장하였다. 이런 수퍼(Super)의 발달적 직업상담의 6단계를 쓰시오. (6점)

- ●
- ●
- ●
- ●
- ●
- ●

심플 답안

- 문제탐색과 자아개념 묘사
- 심층적 탐색
- 자아수용 및 자아통찰
- 현실검증
- 태도와 감정의 탐색 및 처리
- 의사결정

나만의 정리 답안

- ●
- ●
- ●
- ●
- ●
- ●

06 집단상담의 장점 5가지를 쓰시오.

(5점)

- ●
- ●
- ●
- ●
- ●

문제 핵심 용어

1. 집단상담 장점

참고사항 : '집단상담의 장 · 단점 3가지씩 작성하시오' 도 출제

'집단상담의 장점 6가지 작성하시오' 도 출제

'집단직업상담의 장점'도 동일한 문제

심플 답안

- 시간과 비용이 상대적으로 적게 든다.
- 개인상담에 비해 부담감이 적다.
- 내담자들이 상담자의 개인적 조언보다 동료들의 의견을 더 잘 받아들이는 경향이 있다.
- 내담자의 사회성을 길러준다.
- 진로성숙도가 낮은 내담자에게 유리하다.

모범 답안

- 시간과 경제적인 측면에서 효율적이다.
- 개인상담보다 더 쉽게 받아들이는 경향이 있다.
- 비슷한 문제를 가지고 있는 사람들끼리 의견을 교환하며 자신의 문제와 해결방안을 정확하게 인식하는 계기가 될 수 있다.
- 내담자들이 상담자의 개인적 조언보다 동료들의 의견을 더 잘 받아들이는 경향이 있다.
- 내담자의 사회성을 길러주고, 상호교류 할 수 있는 능력이 개발된다.

나만의 정리 답안

- ●
- ●
- ●
- ●
- ●

07 초기상담 시 상담자가 내담자에게 좋은 영향을 줄 수 있는 언어적 행동 4가지를 쓰시오. (4점)

-

-

-

-

나만의 정리 답안

-

-

-

-

08 흥미사정에서 로(Roe)의 두 가지 분류체계 중 6가지 수직차원(곤란도와 책무성)을 쓰시오. (4점)

- ●
- ●
- ●
- ●
- ●
- ●

문제 핵심 용어

1. 로의 6가지 수직차원

정답 핵심 용어 : 전문직과 숙련직

심플 답안

- 고급전문관리
- 중급전문관리
- 준전문관리
- 숙련
- 반숙련
- 비숙련

나만의 정리 답안

- ●
- ●
- ●
- ●
- ●
- ●

09 심리검사에서 측정의 기본단위인 척도의 4가지 유형을 쓰고 설명하시오. (8점)

- ●
- ●
- ●
- ●

문제 핵심 용어

1. 척도의 4가지 유형
정답 핵심 용어 : 명서등비

심플 답안

- 명명척도 : 이름의 차이로만 정보를 나타내는 척도이다.
- 서열척도 : 이름의 차이 정보뿐만 아니라 서열까지 나타내는 척도이다.
- 등간척도 : 명명, 서열 뿐만 아니라 등간까지 나타내는 척도로 절대영점은 없다.
- 비율척도 : 절대영점이 있으며 명명, 서열, 등간 정보 뿐 아니라 비율까지도 나타내는 척도이다.

모범 답안

- 명명척도 : 운동선수의 등번호와 같이 이름의 차이로
  데이터를 단순히 분류하거나 범주화 한 척도이다
- 서열척도 : 학급석차와 키번호와 같이 이름의 차이 정보뿐만 아니라
  데이터를 순서대로 배열한 척도이다.
- 등간척도 : 온도계로 온도를 측정하는 것처럼 데이터 간의 간격이 일정하여
  명명, 서열 뿐만 아니라 등간까지 나타내는 척도이다.
  특징으로 절대영점이 없다.
- 비율척도 : 길이 무게 등으로 절대영점이 있으며
  명명, 서열, 등간 정보 뿐 아니라 비율까지도 나타내는 척도이다.

나만의 정리 답안

- ●
- ●
- ●
- ●

10 표준화된 심리검사에는 집단 내 규준이 포함되어 있다 집단 내 규준 3가지만 쓰고 각각에 대해 예를 들어 설명하시오. (6점)

- ●
- ●
- ●

....

문제 핵심 용어

1. 집단 내 규준
정답 핵심 용어 : 백분위 표준 점등

....

심플 답안

- 백분위점수 : 한 개인의 상대적 위치를 백분율로 나타낸 점수를 의미한다.
- 표준점수 : 심리검사에서 개인의 점수가 평균으로부터 떨어져 있는 거리를 의미한다.
- 표준등급 : 원점수를 비율에 따라 1~9 범주로 나누어 등급을 매기는 방법이다.

모범 답안

- 백분위점수 : 특정집단의 점수분포에서 한 개인의 상대적 위치를
  백분율로 나타낸 점수를 의미한다.
- 표준점수 : 정규 분포상에서 표준편차를 이용하여
  평균에서 얼마나 떨어져 있는지를 알 수 있는 점수를 말한다.
- 표준등급 : 스테나인 점수로 불리는 표준등급은
  원점수를 비율에 따라 1~9 범주로 나누어 등급을 매기는 방법이다.

....

나만의 정리 답안

- ●
- ●
- ●

11 모집단에서 규준집단을 구성하기 위한 표본추출 방법에는 확률표집과 비확률표집이 있다. 규준 제작 시 사용되는 비확률 표집방법 3가지를 쓰고 설명하시오. (6점)

-
-
-

⋯⋯⋯

문제 핵심 용어

1. 비확률 표집방법
정답 핵심 용어 : 편판 눈할 (평판 눈알 느낌)
참고사항 : 신출로 향후 '4가지를 쓰시오'로 출제 될 수 있음
　　　　　 '비확률표집은 확률표집과는 달리 연구자의 의도가 가미된 방법'이다.

⋯⋯⋯

심플 답안

- 편의표집 : 조사자의 편리성에 기초하여 임의로 대상을 선택하는 방법이다.
- 판단표집 : 연구자가 연구 목적에 적합하다고 판단되는 대상을
　　　　　　 주관적으로 선정하는 방법이다.
- 눈덩이표집 : 초기 대상자가 추가 대상자를 추천하는 방식으로
　　　　　　　 표본을 확장하는 방법이다.

기타 답안

- 할당표집(quota sampling) : 모집단을 몇 개의 하위집단으로 나누고
　　　　　　　　　　　　　　 각 하위 집단에서 표집수를 임의로 할당하는 방법이다.

⋯⋯⋯

나만의 정리 답안

-
-
-

12 반분신뢰도를 추정방법 3가지를 쓰고 설명하시오. (6점)

- ●
- ●
- ●

---

1. 반분신뢰도 방법 3가지
정답 핵심 용어 : 전 기 짝

심플 답안

- 전후 반분법 : 문항을 전반부와 후반부로 나누는 방법이다.
- 기우 반분법 : 검사의 문항을 홀·짝수로 나누는 방법이다.
- 짝진 임의 배치법 : 문항의 난이도와 문항의 총점 간의 상관계수를 토대로 나누는 방법이다.

모범 답안

- 전후 반분법 : 전체 검사를 문항의 전반부와 후반부로 나누는 방법이다.
- 기우 반분법 : 전체 검사의 문항의 번호에 따라 홀·짝수로 나누는 방법이다.
- 짝진 임의 배치법
  : 통계치의 산포도를 작성하여 가까이 있는 두 문항끼리 짝을 짓고
   각 짝에서 문항을 임의로 선택하여 검사를 양분하는 방법이다.

나만의 정리 답안

- ●
- ●
- ●

13 직무분석방법 중 최초분석법의 종류 4가지를 쓰시오.   (4점)

- ●
- ●
- ●
- ●

문제 핵심 용어

1. 최초분석법
정답 핵심 용어 : 면담 관찰 체험 설문 녹화 중요 또는 면중 설녹관(연중 설록관 생각)
참고사항 : '4가지 쓰시오'와 '3가지 쓰고 설명하시오'로 출제

심플 답안

- 면담법
- 관찰법
- 체험법
- 설문지법

참고사항 답안

- 관찰법 : 분석자가 작업자가 하는 직무활동을 상세하게 관찰하고 그 결과를 기술하는 방법
- 체험법 : 분석자 자신이 직접 직무활동에 참여하여 체험함으로서
  생생한 직무분석 자료를 얻는 방법
- 설문법 : 현장의 작업자 등에게 설문지를 배부하여
  이들로 하여금 직무내용을 기술하게 하는 방법

나만의 정리 답안

- ●
- ●
- ●
- ●

14 실업의 유형 중 경기적 실업, 마찰적 실업, 구조적실업의 의미를 설명하시오. (6점)

- ●
- ●
- ●
- ●

··

문제 핵심 용어

1. 실업의 유형
정답 핵심 용어 : 경기, 구조, 마찰
참고사항 : '3가지 실업 원인과 대책을 쓰시오'로도 출제

··

심플 답안

- 경기적 실업 : 불경기 수요부족이 원인이 되어 발생하는 실업이다.
- 구조적 실업 : 산업구조 변화에 노동력 공급이 적절히 대응하지 못해 생긴 실업이다.
- 마찰적 실업 : 구인자와 구직자간의 직업정보의 불일치 또는 부족으로 발생하는 실업이다.

모범 답안

- 경기적 실업 : 불경기 수요부족이 원인이 되어 발생하는 비자발적 실업으로
  대책으로는 경기 부양 정책으로 유효수요를 창출하는 것이다.
- 구조적 실업 : 산업구조 변화로 발생하는 비자발적 실업으로
  대책으로는 직업훈련실행 및 시설 확충, 이주보조금 지급등이 있다.
- 마찰적 실업 : 구인자와 구직자간의 직업정보의 불일치로 발생하는 자발적 실업으로
  대책으로는 직업정보제공 및 구인 · 구직 시스템 연결 등이 있다.

··

나만의 정리 답안

- ●
- ●
- ●
- ●

15 던롭(Dunlop)이 제시한 노사관계를 규제하는 요건 3가지를 쓰고 설명하시오. (6점)

- ●
- ●
- ●

....

문제 핵심 용어

1. 노사관계 규제요건 3가지
정답 핵심 용어 : 기시각 각시탈 (기술, 시장, 세력)

....

심플 답안

- 기술적 특성
  : 주로 생산현장에서의 근로자의 질이나 양 그리고 생산과정, 생산방법 등이 포함
- 시장 또는 예산제약
  : 시장 또는 예산제약은 제품시장의 형태와 기업을 경영하는 조건으로서 비용, 이윤 등의 내용을 포괄
- 각 주체의 세력관계
  : 노사관계를 포함하여 더욱 광범위한 사회내에서 주체들의 세력관계를 들 수 있음

....

나만의 정리 답안

- ●
- ●
- ●

16 한국표준직업분류에서 직업으로 인정되지 않는 활동 6가지를 쓰시오. (6점)

- ●
- ●
- ●
- ●
- ●
- ●

....

문제 핵심 용어

1. 직업으로 인정되지 않는 활동
정답 핵심 용어 : 이연경 예가 수도시 학사
참고사항 : '속박된 상태에서의 제반 활동'에 속하는 경우를 별도로 출제

....

심플 답안

· 이자, 주식 등과 같은 자산수입이 있는 경우
· 연금법 등 사회보장에 의한 수입이 있는 경우
· 경마, 경륜 등에 의한 배당금이나 주식투자에 의한 시세차익이 있는 경우
· 예 · 적금 인출과 같이 금융자산을 매각하여 수입이 있는 경우
· 자기집의 가사활동에 전념하는 경우
· 수형자의 활동과 같이 법률에 의한 강제 노동을 하는 경우

기타 답안

· 도박, 강도, 절도와 같은 불법적인 활동을 하는 경우
· 교육기관에서 재학하며 학습에만 전념하는 경우
· 사회복지시설 수용자의 시설 내 경제활동을 하는 경우

참고사항 답안

· 수형자의 활동과 같이 법률에 의한 강제 노동을 하는 경우
· 사회복지시설 수용자의 시설 내 경제활동을 하는 경우

....

-
-
-
-
-
-

17 한국직업사전의 부가직업정보 중 직무기능표를 완성하시오. (6점)

수준	자료(Data)	사람(People)	사물(Thing)
0	종합	(ㄷ)	설치
1	(ㄱ)	협의	정밀작업
2	분석	(ㄹ)	(ㅁ)
3	수집	감독	조작운전
4	계산	오락제공	(ㅂ)
5	(ㄴ)	설득	유지
6	비교	서비스제공	투입-인출

●

●

●

....

문제 핵심 용어

1. 부가직업정보의 직무기능
정답 핵심 용어 : 종조분 수산기교
　　　　　　- 기본틀 : 종조분 자협교 설정제
참고사항 : 2021년 신출로 매년 출제되고 있음
　　　　　　'사람에 해당하는 해당항목 5가지 쓰시오'로도 출제
　　　　　　- 자협교 감독 설득

....

심플 답안

- ㄱ : 조정
- ㄴ : 기록
- ㄷ : 자문
- ㄹ : 교육
- ㅁ : 제어조작
- ㅂ : 수동조작

....

나만의 정리 답안

●

●

●

18 산업활동의 범위와 통계단위에 대하여 쓰시오. (4점)

-

-

문제 핵심 용어

1. 산업활동의 범위와 통계단위

정답 핵심 용어 : 영리적 · 비영리적, 가사 활동, 관찰 또는 분석 단위

참고사항 : '산업, 산업활동, 산업활동의 범위, 통계단위'의 정의 암기권장

심플 답안

- 산업활동의 범위 : 영리적 · 비영리적 활동이 모두 포함되나
  가정 내의 가사 활동은 제외된다.
- 통계단위 : 생산단위의 활동에 관한 통계작성을 위하여 필요한 정보를 수집
  또는 분석할 대상이 되는 관찰 또는 분석 단위를 말한다.

나만의 정리 답안

-

-

01 생애진로사정의 구조 4가지를 쓰시오. (4점)

-
-
-
-

문제 핵심 용어

생애진로사정의 구조
정답 핵심 용어 : 진로사정, 전형적인 하루, 강점과 장애, 요약
참고사항 : 순서대로 적지 않으면 오답 처리됨 (∵ 구조가 정해져 있기 때문)
　　　　　 강점과 '약점'이 아닌 강점과 '장애'

심플 답안

- 진로사정
- 전형적인 하루
- 강점과 장애
- 요약

나만의 정리 답안

-
-
-
-

02 인지적, 정서적, 행동적 상담의 기본개념인 ABCDEF의 의미를 쓰시오. (6점)

-
-
-
-
-
-

문제 핵심 용어

1. ABCDEF
참고사항 : 인지·정서·행동, 인지·정서, 인지·행동 상담 이름 보다 'ABCDEF'가 핵심

심플 답안

- A 내담자에게 정서적 혼란을 준 선행사건
- B 선행사건에 대한 내담자의 비합리적 신념
- C 부적응적인 정서적 · 행동적 결과
- D 비합리적 신념에 대한 합리적 논박
- E 비합리적 신념이 합리적인 신념으로 대체된 효과
- F 합리적 신념에서 비롯된 새로운 감정

모범 답안

- A 선행사건으로 내담자에게 정서적 혼란을 준 사건
- B 선행사건에 대한 내담자의 비합리적 신념 체계
- C 내담자가 보고하는 정서적 · 행동적 결과
- D 비합리적 신념에 대한 논리적이고 합리적인 논박
- E 논박을 통한 비합리적 신념이 합리적인 신념으로 대체된 효과
- F 합리적 신념에서 비롯된 긍정적인 새로운 감정

나만의 정리 답안

-
-
-
-
-
-

03 부처(Butcher)의 집단직업상담의 3단계를 쓰고 설명하시오. (6점)

- ●
- ●
- ●

1. 부처의 3단계
정답 핵심 용어 : 부처가 '탐전행' 타고 인도간다.
참고 사항 : '3가지 쓰시오' 일 경우 단답형 작성
　　　　　 '탐색단계의 활동 4가지를 작성하시오'로 출제되는 문제가 있음으로
　　　　　 탐색단계 활동은 이 문제에서 암기 권유

심플 답안

- 탐색단계 : 자기개방, 흥미와 적성에 대한 탐색, 탐색결과에 대한 피드백,
　　　　　　흥미와 적성의 불일치의 해결 등이 이루어지는 단계이다.
- 전환단계 : 자기 지식을 직업세계와 연결하고,
　　　　　　자신의 가치와 피드백 간의 불일치를 해결하는 단계이다.
- 행동단계 : 목표설정을 하고
　　　　　　목표달성을 촉진하기 위해 행동으로 옮기는 단계이다.

모범 답안

- 탐색단계 : 자기개방, 흥미와 적성에 대한 탐색, 탐색결과에 대한 피드백,
　　　　　　흥미와 적성의 불일치의 해결 등이 이루어지는 단계이다.
- 전환단계 : 자기 지식을 직업세계와 연결하고,
　　　　　　자신의 가치와 피드백 간의 불일치를 해결하는 단계이다.
- 행동단계 : 목표설정을 하고 즉각적 및 장기적 의사결정을 하며,
　　　　　　목표달성을 촉진하기 위해 행동으로 옮기는 단계이다.

나만의 정리 답안

- ●
- ●
- ●

04 직업상담 과정에서 사용되는 질적 측정도구 3가지를 쓰고 설명하시오. (6점)

- ●
- ●
- ●

1. 질적 측정도구
정답 핵심 용어 : 생애진로사정, 제노그램, 직업카드분류법
참고 사항 : '3가지 쓰시오' 일 경우 단답형 작성

심플 답안

- 생애진로사정 : 상담초기에 사용하는 구조화된 면담기법으로 내담자의 다양한 질적 정보를 파악할 수 있다.
- 직업가계도(제노그램) : 가족들의 직업을 도식화하여 내담자의 집안 가족들의 영향력을 분석 파악할 수 있다.
- 직업카드분류법 : 직업카드를 활용하여 내담자의 선호군, 비선호군의 직업흥미를 분류하고 파악할 수 있다.

모범 답안

- 생애진로사정 : 상담초기에 사용하는 구조화된 면담기법으로 내담자의 직업경험, 교육수준, 강점과 약점 등의 정보를 수집한다.
- 직업가계도 : 내담자의 직업의식, 선택, 집안 가족들의 영향력을 분석하고, 가족들의 직업을 도식화한다.
- 직업카드분류법 : 직업카드를 활용하여 내담자의 선호군, 비선호군의 직업흥미를 분류하고 파악한다.

나만의 정리 답안

- ●
- ●
- ●

05 직업상담사가 갖추어야 할 일반적 자질 3가지를 쓰시오. (6점)

-
-
-

....

1. 직업상담사가 갖추어야 할 일반적 자질 3가지

참고 사항 : '5가지 쓰시오'로도 출제됨

직업상담사가 갖추어야 할 일반적 '태도'와 구별

cf) 일반적 태도 - 일무공

....

심플 답안

- 자기 자신에 대한 이해
- 내담자에 대한 존경심
- 전문적인 심리학적 지식

기타 답안

- 직업 정보 분석 능력
- 공감적 이해력
- 객관적 통찰력

....

나만의 정리 답안

-
-
-

06 긴즈버그에 따르면 직업선택은 환상기, 잠정기 및 현실기의 3단계를 거쳐 이루어진다. 현실기의 3가지 하위 단계를 쓰고 설명하시오. (6점)

- ●
- ●
- ●

문제 핵심 용어

1. 긴즈버그의 현실기 3단계

정답 핵심 용어 : 탐 구 특

참고 사항 : 긴즈버그는 햄버거를 환장하게 좋아함(환장혀)
　　　　　　그래서 탐구하는 특이한 사람(탐구특)

....

심플 답안

- 탐색 단계 : 현실적으로 취업기회를 탐색하고 노력하는 단계이다.
- 구체화 단계 : 자신의 직업목표를 구체화하고
　　　　　　　특정직업 분야에 몰두하게 되는 단계이다.
- 특수화 단계 : 직업을 선택하거나 특정의 진로에 맞는 직업훈련을 받는 단계이다.

모범 답안

- 탐색 단계 : 직업선택의 다양한 가능성과 직업을 탐색하고 노력하는 단계이다.
- 구체화 단계 : 자신의 직업목표를 구체화하고
　　　　　　　특정직업 분야에 몰두하게 되는 단계이다.
- 특수화 단계 : 자신의 직업결정에 대해 정교한 계획을 세우고
　　　　　　　전문화된 의사결정을 한다.

....

나만의 정리 답안

- ●
- ●
- ●

07 발달적 직업상담에서 직업상담사가 사용할 수 있는 기법으로 '진로 자서전'과 '의사결정 일기'
에 대해 각각 설명하시오. (4점)

- ●
- ●

....

1. 발달적 직업상담에서의 기법
2. 진로 자서전과 의사결정 일기
정답 핵심 용어 : 과거 의사결정, 현재 의사결정
참고 사항 : 같은 문제로 '발달적 직업상담에서의 기법 2가지를 쓰시오'로 출제

....

심플 답안

- 진로 자서전 : 내담자가 과거에 어떻게 의사결정을 했는지 알 수 있는 기법
- 의사결정일기 : 내담자가 현재 어떻게 의사결정을 하고 있는가를 알 수 있는 기법

모범 답안

- 진로 자서전 : 내담자의 과거 의사결정 방식을 알기 위한 것으로
  과거의 일상적인 결정들에 대해 기술하도록 하는 기법
- 의사결정일기 : 내담자의 현재 의사결정 방식을 알기 위한 것으로
  오늘 무엇을 할 것인지 등과 같은 매일의 이상적인 결정들에 대해 기술하도록 하는 기법

....

나만의 정리 답안

- ●
- ●

08 진로성숙도검사(CMI)의 태도척도 3가지를 쓰고 설명하시오. (6점)

- ●

- ●

- ●

1. 진로성숙도 검사의 태도척도
정답 핵심 용어 : 결 참 독 성 타
참고 사항 : '태도척도 3가지를 쓰고 설명하시오'와
　　　　　'태도 · 능력척도 3가지씩 쓰시오'와
　　　　　'태도척도를 쓰시오', '능력척도를 쓰시오'로 출제

태도척도	능력척도
결 참 독 성 타	자 직 목 개 문
결정성 참여도 독립성 성 향 타협성	자기평가 직업정보 목표선정 계 획 문제해결

- 결정성 : 진로의 방향에 대한 확신 정도를 의미한다.
- 참여도 : 진로선택 과정에 능동적 참여의 정도를 의미한다.
- 독립성 : 진로선택을 독립적으로 할 수 있는 정도를 의미한다.

- ●

- ●

- ●

09 투사적 검사의 장점 3가지를 쓰시오. (6점)

-
-
-

---

1. 투사적 검사의 장점
정답 핵심 용어 : (방어는) 독 어 다
참고 사항 : '투사적 검사의 장 · 단점 3가지씩 쓰시오'도 출제

심플 답안

- 반응의 독특성
- 방어의 어려움
- 반응의 다양성

참고 사항 답안

장점	단점
• 반응의 독특성 • 방어의 어려움 • 반응의 다양성	• 검사자의 주관적 견해가 검사에 영향을 줌 • 검사의 신뢰도가 낮다. • 검사의 타당도가 낮다.

나만의 정리 답안

-
-
-

10 표준화를 위해 수집된 자료가 정규분포에서 벗어하는 것은 검사도구의 문제보다 표집절차의 오류에 원인이 있을 수 있다. 이를 해결하기 위한 방법 3가지를 쓰고, 각각 설명하시오. (6점)

- ●
- ●
- ●

문제 핵심 용어

1. 표집절차의 오류 해결방법
정답 핵심 용어 : 완 절 면 (표집절차 오류로 '완전 평면' 생각)

심플 답안

- 완곡법 : 정규분포의 모양과 유사할 때 점수를 가감하여
  정규분포의 모양을 갖추도록 하는 방법을 의미한다.
- 절미법 : 검사 점수가 편포를 이룰 경우 편포의 꼬리를 잘라내는 방법을 의미한다.
- 면적 환산법 : 각 점수들의 백분위를 찾아서
  그 백분위에 해당하는 Z점수를 찾는 방법을 의미한다.

※ 용어 해설
- 편포 : 어느 한쪽으로 치우신 분포

나만의 정리 답안

- ●
- ●
- ●

11 심리검사는 검사내용에 따라 능력적인 요소를 측정하는 성능검사와 습관적인 행동경향을 측정하는 성향검사로 분류할 수 있다. 이 중 성능검사의 종류 6가지를 쓰시오. (6점)

- ●
- ●
- ●
- ●
- ●
- ●

1. 성능검사와 성향검사

정답 핵심 용어 : 지 적 성 사고인지장애, 성 흥 태 적동인지

（ 기본틀 - 지적성 성흥태 ）

참고 사항 : 성능검사의 종류 '6가지 쓰시오'는 처음 출제됨

'성능검사와 성향검사의 종류 3가지씩 쓰시오'로도 출제

성능검사	성향검사
지 적 성 사고인지장애	성 흥 태 적동인지
지능검사 적성검사 성취도 검사 사고 능력검사 인지 능력검사 장애 진단검사	성격검사 흥미검사 태도검사 적응검사 동기검사 인지양식검사

- 지능검사
- 적성검사
- 성취도 검사
- 사고능력검사
- 인지능력검사
- 장애진단검사

나만의 정리 답안

-
-
-
-
-
-

12 심리검사에서 준거타당도 계수의 크기에 영향을 미치는 요인을 3가지만 쓰고, 각각에 대해 설명하시오. (6점)

- ●
- ●
- ●

....

....

심플 답안

- 표집오차
  : 모집단을 표집할 때 표집틀을 잘 구성하였는지, 표본의 크기는 적절하였는지, 표집방법은 적절했는지와 같은 표집오차가 타당도 계수에 영향을 미친다.
- 준거측정치의 신뢰도
  : 신뢰도와 타당도는 상호상관관계가 있어 준거측정치의 신뢰도가 높아야 타당도가 높아진다.
- 준거측정치의 타당도
  : 준거의 적절성이 좋아야 하며, 준거 결핍과 준거 오염 등의 준거왜곡으로 준거타당도가 낮아진다.

모범 답안

- 표집오차
  : 표본이 모집단을 잘 대표할수록 표집오차가 줄어 타당도 계수가 높아진다.
- 준거측정치의 신뢰도와 타당도
  : 신뢰도와 타당도는 상호상관관계가 있어 준거측정치의 신뢰도가 높아야 준거타당도가 높아지고, 준거결핍과 준거 오염 등이 있으면 준거타당도가 낮아진다.
- 범위의 제한 : 범위를 제한시키면 타당도 계수 또한 낮아지게 된다.

....

나만의 정리 답안

- ●
- ●
- ●

13 직무분석을 하는 목적은 직무기술서나 작업자 명세서를 만들고, 이로부터 얻어진 정보를 활용하는 데 있다. 이와 같은 직무분석 자료 활용의 용도 4가지를 쓰시오. (4점)

- ●
- ●
- ●
- ●

....

문제 핵심 용어

1. 직무분석 자료의 용도
정답 핵심 용어 : 모배교 직원임
참고 사항 : '4가지~6가지 쓰시오'로 출제됨

....

심플 답안

- 모집, 선발
- 배치 및 경력개발
- 교육 및 훈련
- 직무수행평가
- 정원관리
- 임금관리, 안전관리 등을 위한 자료로 활용

모범 답안

- 모집, 선발, 교육 등의 기초 자료로 활용된다.
- 배치 및 경력개발. 인사관리에 활용된다.
- 교육 및 훈련의 내용 및 목표를 결정한다.
- 직무수행평가에 활용한다.
- 정원관리 및 인력수급계획을 수립한다.
- 임금관리, 안전관리 등을 위한 자료로 활용한다.

....

나만의 정리 답안

- ●
- ●
- ●
- ●

14 임금의 하방경직성의 의미를 설명하고, 임금의 하방경직성의 원인을 5가지를 쓰시오. (6점)

-

-

....

문제 핵심 용어

1. 임금의 하방경직성
정답 핵심 용어 : 강력한 화폐 장기 (역선택) 관행
참고 사항 : '하방경직성의 원인 5가지 쓰시오'로도 출제

....

심플 답안

• 의미
: 임금의 하방경직성이란 한번 오른 임금은 경제 여건이 변하더라도 떨어지지 않고
  그 수준을 유지하려고 하는 경향을 의미한다.
• 이유
① 강력한 노동조합
② 화폐환상
③ 사용자와 근로자 간의 장기 근로계약
④ 사회적 관행

참고 사항 답안

⑤ 노동자의 역선택 발생 가능성

....

나만의 정리 답안

-

-

15 완전경쟁시장에서 A제품(단가 100원)을 생산하는 어떤 기업의 단기생산함수가 다음과 같다. 기업의 이윤 극대화를 위한 최적고용량을 도출하고 그 근거를 설명하시오. (단위당 임금 150원) (4점)

노동투입량	0단위	1단위	2단위	3단위	4단위	5단위	6단위
총생산량	0개	2개	4개	7개	8.5개	9개	9개

●

●

문제 핵심 용어

1. 이윤 극대화를 위한 최적 고용량
정답 핵심 용어 : 이윤 극대화 ⇨ 노동의 한계생산물 가치 = 임금
참고 사항 : 노동의 한계생산물 가치 = 노동의 한계생산량 × 가격

심플 & 모범 답안

노동투입량	0단위	1단위	2단위	3단위	4단위	5단위	6단위
총생산량	0개	2개	4개	7개	8.5개	9개	9개
한계생산물	–	2개	2개	3개	1.5개	0.5개	0개
한계생산물가치	–	200원	200원	300원	150원	50원	0원

• 이윤극대화 원칙은 임금과 한계생산물 가치가 동일할 때이다.
  따라서 임금 150원과 한계생산물가치 150원이 만나는 4단위에서 최적 고용량이 도출된다.

나만의 정리 답안

●

●

16 한국직업사전의 부가직업 정보는 해당 직업의 직무를 수행하는데 필요한 육체적 힘의 강도인 작업강도를 다음과 같이 5단계로 분류하였다. 다음 (   )에 알맞은 숫자를 쓰시오. (6점)

- 보통작업 : 최고 (ㄱ)kg의 물건을 들어 올리고,
  (ㄴ)kg 정도의 물건을 빈번히 들어 올리거나 운반한다.
- 힘든작업 : 최고 (ㄷ)kg의 물건을 들어 올리고,
  (ㄹ)kg 정도의 물건을 빈번히 들어 올리거나 운반한다.
- 아주 힘든 작업 : 최고 (ㅁ)kg 이상의 물건을 들어 올리고,
  (ㅂ)kg 이상의 물건을 빈번히 들어 올리거나 운반한다.

-
-
-
-
-
-

문제 핵심 용어

1. 작업강도 5단계
정답 핵심 용어 : 아가보는 것은 힘들어 아주 (4, 8, 20, 40, 40)
참고 사항 : 빈칸이 아닌 '단계를 쓰고 설명하시오'로도 출제

심플 답안

- ㄱ : (20)
- ㄴ : (10)
- ㄷ : (40)
- ㄹ : (20)
- ㅁ : (40)
- ㅂ : (20)

나만의 정리 답안

-
-
-
-
-
-

17 한국표준직업분류에서 다수직업종사자의 분류 원칙을 순서대로 쓰고, 각각에 대해 설명하시오. (6점)

-
-

....

문제 핵심 용어

1. 다수직업종사자의 분류 원칙
정답 핵심 용어 : 다 시 수 최
참고 사항 : '각각을 쓰시오' 일 경우 단답형으로 작성

....

심플 & 모범 답안

- 다수직업종사자의 의미
  : 한 사람이 전혀 다른 두 가지 이상의 직업에 종사하는 사람을 말한다.
- 다수직업종사자의 직업결정의 일반적 원칙
  ① 시간우선 원칙
    : 다수직업 발생 시 시간우선원칙에 따라 시간이 많은 직업으로 결정한다.
  ② 수입우선 원칙
    : 취업시간으로 직업을 결정 못할 경우 수입이 많은 직업으로 결정한다.
  ③ 조사 시 최근의 직업우선 원칙
    : 수입이 많은 직업으로도 직업을 결정하지 못할 경우에는
      조사 시 최근의 직업활동에 따라 결정한다.

....

나만의 정리 답안

-
-

18 한국표준산업분류에서 통계단위의 산업을 결정하는 방법을 3가지 쓰고 설명하시오. (6점)

- ●
- ●
- ●

문제 핵심 용어

1. 산업을 결정하는 방법
정답 핵심 용어 : 생산 계절 휴업 단일
참고 사항 : '4가지 쓰시오' 로도 출제

심플 답안

- 생산단위의 산업활동은 주된 산업활동의 종류에 따라 결정한다.
- 계절에 따라 정기적으로 산업을 달리하는 사업체는
  조사대상 기간 중 산출액이 많았던 활동에 의하여 분류한다.
- 휴업 중 또는 자산 청산 중 사업체는 영업 중 또는 청산 이전의 산업활동으로
  결정, 설립 중인 사업체는 개시하는 산업활동으로 결정한다.

모범 답안

- 생산단위의 산업활동은 그 생산단위가 수행하는 주된 산업활동의 종류에 따라
  결정한다.
- 계절에 따라 정기적으로 산업을 달리하는 사업체의 경우
  조사대상 기간 중 산출액이 많았던 활동에 따라 분류한다.
- 휴업 중 또는 자산 청산 중 사업체는 영업 중 또는 청산 이전의 산업활동으로
  결정, 설립 중인 사업체는 개시하는 산업활동으로 결정한다.

참고 사항 답안

- 단일사업체의 보조단위는 그 사업체의 일개 부서로 포함하며,
  여러 사업체를 관리하는 중앙 보조단위(본부, 본사 등)는 별도의 사업체로 처리한다.

나만의 정리 답안

- ●
- ●
- ●

01 노동수요의 탄력성 산출하는 공식과 탄력성에 영향을 미치는 결정요인 3가지를 쓰시오. (5점)

- ●
- ●
- ●

문제 핵심 용어

1. 노동수요 탄력성 공식
2. 노동수요 탄력요인=탄력성 결정요인
정답 핵심 용어 : 위노동수 임, 대다수총
참고 사항 : '노동수요의 탄력성 결정요인 4가지 쓰시오'가 더 자주 출제됨

심플 답안

• 탄력성 공식

$$\text{노동수요의 임금탄력성} = \frac{\text{노동수요량의 변화율}}{\text{임금의 변화율}}$$

• 탄력요인(=결정요인)
① 노동의 대체 가능성　　　　② 노동 이외의 다른 생산요소의 공급탄력성
③ 최종 생산물 수요의 탄력성　④ 총생산비용에서 임금의 비중

모범 답안

• 탄력성 공식

$$\text{노동수요의 임금탄력성} = \frac{\text{노동수요량의 변화율}}{\text{임금의 변화율}}$$

• 탄력요인(=결정요인)
① 기계와 노동의 대체 가능성이 클수록 노동수요는 탄력적이다.
② 노동 이외의 다른 생산요소의 공급탄력성이 클수록 노동수요는 탄력적이다.
③ 최종 생산물 수요가 탄력적일수록 노동수요도 탄력적이다.
④ 총생산비용에서 임금의 비중이 클수록 노동수요는 탄력적이다.

나만의 정리 답안

-
-
-

02 직무분석법의 면담법(면접법)의 장점 2가지, 단점 2가지 쓰시오. (4점)

●

●

....

문제 핵심 용어

1. 면담(면접)법의 장점과 단점
참고 사항 : 직무분석법의 종류로서 면담법은 출제되었으나 면담법 자체 문제로는 처음 출제
            25년 출제기준에서 직무분법은 제외되었어도
            면담법은 직업정보를 탐색하는 방법론으로는 해당하여 숙지할 필요가 있음
            직무분석법의 '질문지법'을 묻는 별도의 문제로도 출제

....

심플 & 모범 답안

• 장점
  ① 교육수준이 낮고 글을 모르는 대상에게도 가능함
  ② 다양한 질문사용과 정확한 응답을 얻을 수 있음
• 단점
  ① 절차가 복잡하고 불편함
  ② 시간, 비용, 노력이 많이 소요됨

기타 답안

• 장점 : 자료를 수집하는데 광범위 하게 적용할 수 있음
• 단점 : 응답에 대한 표준화가 어려움

....

나만의 정리 답안

●

●

03 한국직업사전의 부가직업정보 직무기능은 자료 사람 사물과 연관된 특성을 나타낸다. 자료의 하위기능 6가지를 순서대로 쓰시오. (6점)

●

....

문제 핵심 용어

1. 부가직업정보의 직무기능 '자료 사람 사물'
정답 핵심 용어 : 종조분 수산기교
                 - 기본틀종조분 자협교 설정제
참고사항 : 2021년 신출로 매년 출제되고 있음
           '자료 사람 사물 빈칸 채우기'로도 출제
           - 종조분 수산기교
           - 자협교 감독 설득
           - 설정제 조작 수동 단순

....

심플 & 모범 답안

• 종합, 조정, 분석, 수집, 계산, 기록

참고 사항 답안

- 직무기능 수준

	자 료	사 람	사 물
0	종합	자문	설치
1	조정	협의	정밀작업
2	분석	교육	제어조작
3	수집	감독	조작운전
4	계산	오락제공	수동조작
5	기록	설득	유지
6	비교	말하기-신호	투입-인출
7	-	서비스제공	단순작업
8	관련없음	관련없음	관련없음

....

나만의 정리 답안

●

04 로저스의 인간 가치를 지니는 유일한 인간에 대한 철학적 기본가정 4가지를 쓰시오. (4점)

-
-
-
-

....

....

심플 답안

1) 인간은 가치를 지닌 유일한 존재이다.
2) 인간은 적극적인 성장력을 지닌 존재이다.
3) 인간은 선하고 믿을 수 있는 존재이다.
4) 개인은 주관적 생활에 초점을 두어야 한다.
5) 개인은 스스로 의사결정을 내릴 권리와 장래에 대해 선택할 권리를 가진 존재이다.

모범 답안

1) 인간은 가치를 지닌 독특하고 유일한 존재이다.
2) 인간은 자기 확충을 향한 적극적인 성장력을 지녔다.
3) 인간은 근본적으로 선하고 이성적으로 믿을 수 있는 존재이다.
4) 각 개인을 알기 위해서는 개인의 주관적 생활에 초점을 두어야 한다.
5) 각 개인은 자신이 의사결정을 내릴 권리와 장래에 대해 선택할 권리를 가졌다.

....

나만의 정리 답안

-
-
-
-

05 실존주의 상담은 인간은 실존적 존재로서 공통적으로 인생의 궁극적 관심사에 대한 자각이 불안을 야기한다고 보았다. 실존주의 상담자들이 내담자의 궁극적 관심사와 관련하여 중요하게 생각하는 주제를 3가지 쓰고, 설명하시오. (6점)

-
-
-

....

문제 핵심 용어

1. 실존주의에서 중요하게 생각하는 주제

정답 핵심 용어 : 삶의 의미성을 가지고 자유롭고 진실하게 살다 죽자(죽자의진)

참고 사항 : 얄롬의 주제(죽자고무)와 구별

....

심플 답안

- 죽음과 비존재 : 인간은 언젠가 자신이 죽는다는 것을 스스로 알고 있는 존재이다.
- 자유와 책임 : 인간은 자신의 삶을 선택할 자유와 책임이 있다.
- 삶의 의미성 : 인간은 자신의 삶의 목적과 의미를 찾기 위해 노력한다.
- 진실성 : 인간은 자신의 실존을 획득하기 위해 노력한다.

모범 답안

- 죽음과 비존재 : 인간은 언젠가 자신이 죽는다는 것을 스스로 알고 있는 존재이다.
- 자유와 책임 : 인간은 자신의 삶과 미래를 개척할 자유가 있으며 그에 따른 책임도 있다.
- 삶의 의미성 : 인간은 자신의 삶의 목적과 의미를 찾기 위해 노력한다.
- 진실성 : 인간은 자신의 실존을 획득하기 위해 자신을 정의하고 진실하게 노력한다.

....

나만의 정리 답안

-
-
-

06 한국표준직업분류의 포괄적인 업무에 대한 직업분류 원칙을 적용하는 순서대로 쓰고 각각에 대해 설명하시오. (6점)

- ●
- ●
- ●

....

....

심플 & 모범 답안

- 주된직무 우선원칙
  : 2개 이상의 직무를 수행하는 포괄적 업무 시
    주된 직무 우선원칙에 따라 첫째로 직업을 분류한다.
- 최상급 직능수준 우선원칙
  : 주된 직무 우선원칙으로 분류하지 못할 경우
    최상급 직능수준 우선원칙에 의하여 분류한다.
- 생산업무 우선원칙
  : 주된직무와 최상급 직능수준으로 직업을 분류하지 못할 시
    재화의 생산과 공급이 같이 이루어지는 경우
    생산단계에 관련된 업무를 우선적으로 분류한다.

....

나만의 정리 답안

- ●
- ●
- ●

07 집단직업상담 장점 6가지를 쓰시오. (6점)

- ●
- ●
- ●
- ●
- ●
- ●

문제 핵심 용어

1. 집단직업상담 장점

참고 사항

'집단직업상담의 장·단점 3가지씩 작성하시오' 도 출제
'집단상담의 장점'도 동일한 문제

심플 답안

- 시간과 비용이 상대적으로 적게 든다.
- 개인상담에 비해 부담감이 적다.
- 내담자들이 상담자의 개인적 조언보다 동료들의 의견을 더 잘 받아들이는 경향이 있다.
- 내담자의 사회성을 길러준다.
- 진로성숙도가 낮은 내담자에게 유리하다.
- 타인을 통한 대리학습의 기회가 부여된다.

모범 답안

- 시간적, 경제적으로 효율적이다.
- 개인상담에 부담을 느끼는 내담자들에게 효과적일 수가 있다.
- 비슷한 문제를 가지고 있는 사람들끼리 의견을 교환하며
  자신의 문제와 해결방안을 정확하게 인식하는 계기가 될 수 있다.
- 내담자들이 상담자의 개인적 조언보다 동료들의 의견을 더 잘 받아들이는 경향이 있다.
- 내담자의 사회성을 길러주고, 타인과의 관계에서 문제를 보고 이해하는 시각을 높여준다.
- 타인을 통한 대리학습의 기회가 부여된다.

-
-
-
-
-
-

08 행동주의 불안감소기법 2가지, 학습촉진기법 2가지를 쓰고 설명하시오. (8점)

●

●

문제 핵심 용어

1. 불안감소기법과 학습촉진기법
정답 핵심 용어 : 체주홍 강대리변별 (체주홍과 강대리는 변별)
참고 사항 : 학습촉진기법은 '3가지 쓰고 설명하시오'로도 출제
  불안감소기법은 '3가지 쓰시오'로 출제
  대신 체계적 둔감법을 별도로 '의미와 단계를 설명하시오'로 출제

심플 & 모범 답안

• 불안감소기법
  ① 체계적 둔감법 ② 주장훈련
• 학습촉진기법
  ① 강화 ② 대리학습

참고 사항 답안

• 불안감소기법
  ① 체계적 둔감법 : 근육이완훈련을 하고 불안위계목록을 작성 후 불안을 둔감화시킨다.
  ② 홍수법 : 불안을 느끼는 자극을 한꺼번에 제공함으로써 불안을 감소시킨다.
  ③ 주장훈련 : 불안을 역제지하는 기법을 의미한다.
• 학습촉진기법
  ① 강화 : 내담자의 행동에 대하여 긍정적 또는 부정적 반응을 보임으로서 내담자의 바람직한 행동의 빈도를 높인다.
  ② 대리학습 : 다른 사람들의 행동에 대해 관찰·모방하여 학습하도록 한다.
  ③ 변별학습 : 검사도구들을 사용하여 자신의 능력과 태도 등을 변별하고 비교하여 학습하도록 한다.
• 불안감소기법
  ① 의미 : 불안을 감소시키는 행동주의의 대표적인 기법이다.
  ② 단계 : 1단계 근육이완훈련
       - 근육이완훈련으로 몸의 긴장을 풀도록 한다.
    2단계 불안위계목록 작성
       - 불안을 일으키는 자극들 중 불안을 가장 약하게 일으키는 것부터 시작하여 강하게 일으키는 것으로
         순서대로 작성한다.
    3단계 체계적 둔감화
       - 내담자로 하여금 이완된 상태에서 불안을 일으키는 장면을 상상하도록 유도하여
         불안 위계표에 따른 불안반응을 점차적으로 경감 혹은 제거해 나간다.

나만의 정리 답안

●

●

09 진로상담 과정에서 관계수립을 위한 기본 상담 기술 5가지를 쓰시오. (5점)

- ●
- ●
- ●
- ●
- ●

문제 핵심 용어

1. 기본 상담 기술
정답 핵심 용어 : 공감, 수용. 반영, 경청, 요약과 재진술,
　　　　　　　　감정이입, 명료화, 유머, 탐색적 질문 등
참고 사항 : 직업상담사의 '일반적 자질', '일반적 태도'와 '기본 상담 기술' 구별
　　　　　　'6가지 쓰시오'로도 출제

심플 & 모범 답안

- 공감
- 수용
- 반영
- 경청(적극적 경청)
- 요약과 재진술
- 명료화

나만의 정리 답안

- ●
- ●
- ●
- ●
- ●

10 홀랜드의 모형을 기초로 한 직업흥미검사의 흥미유형 6가지 쓰시오. (6점)

- ●
- ●
- ●
- ●
- ●
- ●

문제 핵심 용어

1. 홀랜드 흥미 유형 6가지
정답 핵심 용어 : 현 탐 예 사 진 관
참고 사항 : '쓰시오'는 단답형으로 '쓰고 설명하시오' 일 때는 간략한 설명 덧붙이기

심플 답안

• 현실형, 탐구형, 예술형, 사회형, 진취형, 관습형

참고 사항 답안

• 현실형 : 기계, 도구의 체계적 조작활동을 좋아하나 사회적 기술은 부족하다.
　　　　　대표직업은 기술자, 트럭운전사 등이 있다.
• 탐구형 : 분석적이고 조직적이며 정확한 반면 리더쉽이 부족하다.
　　　　　대표적 직업은 의사, 과학자 등이 있다.
• 예술형 : 표현이 풍부하고 독창적이나 규범적 기술은 부족하다.
　　　　　대표직업은 예술가, 작가 등이 있다.
• 사회형 : 다른 사람과 함께 일하거나 사람을 돕는 일을 즐긴다.
　　　　　반면 질서정연하고 조직적인 활동을 싫어하며, 기계적인 능력이 부족하다.
　　　　　대표적 직업은 교육자, 상담가 등이 있다.
• 진취형 : 목표를 달성하기 위하여 조직원을 관리 · 통제하는 활동을 즐기며
　　　　　리더십이 있으나 분석적이고 과학적 능력은 부족하다.
　　　　　대표적 직업은 경영자, 정치가 등이 있다.
• 관습형 : 체계적으로 자료를 잘 처리하고, 기록 정리에 뛰어나나
　　　　　심미적 활동은 싫어한다.
　　　　　대표적 직업은 은행원, 사서 등이 있다.

-
-
-
-
-
-

11 준거타당도에 해당하는 예언타당도, 동시타당도를 예를 들어 설명하시오. (6점)

●

●

....

1. 예언타당도, 동시타당도

정답 핵심 용어 : 현재와 미래행동, 해당검사 점수와 준거점수

참고 사항 : '준거타당도의 2가지 종류와 그에 대해 설명하시오' 로도 출제

....

심플 답안

• 예언타당도
: 현재 검사 점수가 피검자의 미래행동과 특성과 얼마나 관련이 있는지를 평가하는 타당도로
수능시험에서 성적이 우수한 학생이 대학교에 입학하여 대학 학점도 잘 받을 수 있다고 예언할 수 있음이 그 예이다.

• 동시타당도
: 해당 검사 점수와 준거점수를 동시에 측정해 상관계수를 검정하는 것으로
새로운 검사를 제작했을 때 기존의 타당성이 검증된 검사와의 유사성을 검증하는 방법으로
연구자 개발 인성검사와 MMPI와의 관계의 예가 있다.

모범 답안

• 예언타당도
: 현재 검사 점수가 피검자의 미래행동과 특성을 정확하게 예측하는 여부 정도를 추정하는
타당도로 어떤 적성검사에서 높은 점수를 받은 사람이 입사 후 업무수행이 우수한 것으로
나타남으로 어떤 적성검사는 개인의 업무수행을 잘 예언한 것으로 본다.

• 동시타당도
: 해당 검사 점수와 준거점수를 동시에 측정해 상관계수를 검정하는 것으로
새로운 검사를 제작했을 때 기존의 타당성이 검증된 검사와의 유사성을 검증하는 방법으로
연구자 개발 인성검사와 MMPI와의 관계의 예가 있다.

....

나만의 정리 답안

●

●

12 표준화된 심리검사에는 집단 내 규준이 포함되어 있다. 집단 내 규준 3가지 쓰고 설명하시오. (6점)

- ●
- ●
- ●

심플 답안

- 백분위점수 : 한 개인의 상대적 위치를 백분율로 나타낸 점수를 의미한다.
- 표준점수 : 심리검사에서 개인의 점수가 평균으로부터 떨어져 있는 거리를 의미한다.
- 표준등급 : 원점수를 비율에 따라 1~9 범주로 나누어 등급을 매기는 방법이다.

모범 답안

- 백분위점수 : 특정집단의 점수분포에서 한 개인의 상대적 위치를 백분율로 나타낸 점수를 의미한다.
- 표준점수 : 정규 분포상에서 표준편차를 이용하여 평균에서 얼마나 떨어져 있는지를 알 수 있는 점수를 말한다.
- 표준등급 : 스테나인 점수로 불리는 표준등급은 원점수를 비율에 따라 1~9 범주로 나누어 등급을 매기는 방법이다.

나만의 정리 답안

- ●
- ●
- ●

13 검사-재검사 신뢰도에 영향을 미치는 요인 4가지 쓰시오. (4점)

- ●
- ●
- ●
- ●

....

1. 검사- 재검사 신뢰도에 영향을 미치는 요인
정답 핵심 용어 : 역사 기억 환경 성숙 태도
               '역사 기억할 때 환경 이기고 성숙한 태도가 형성'
참고 사항 : '검사- 재검사 신뢰도의 단점'과 동일

....

심플 답안

- 기억요인
- 성숙요인
- 역사요인
- 검사태도나 물리적 환경 변화

모범 답안

- 기억요인 : 처음 측정이 재검사 점수에 영향을 미친다.
                검사요인효과, 이월효과, 연습효과라고도 불린다.
- 성숙요인 : 측정간격이 길 때 조사대상의 특성이 변할 수 있다.
- 역사요인 : 측정기간 중에 발생한 사건의 영향을 받을 수 있다.
- 검사태도 및 동기의 변화가 변화하여 영향을 미칠 수 있다.

....

나만의 정리 답안

- ●
- ●
- ●
- ●

14 내담자의 상담목표 설정 시 유의사항 5가지 쓰시오. (5점)

- ●
- ●
- ●
- ●
- ●

심플 & 모범 답안

- 상담목표는 구체적이어야 한다.
- 상담목표는 실현 가능하여야 한다.
- 상담목표는 내담자가 바라고 원하는 것이어야 한다.
- 상담목표는 상담자의 기술과 양립할 것을 설정하여야 한다.
- 상담목표는 기한 설정이 있어야 한다.

나만의 정리 답안

- ●
- ●
- ●
- ●
- ●

15 심리검사 선정 시 고려해야 할 사항 4가지를 설명하시오. (6점)

- ●
- ●
- ●
- ●

문제 핵심 용어

1. 심리검사 선정 시 고려해야 할 사항

참고 사항 : '3가지 쓰시오'로도 출제

심플 & 모범 답안

- 신뢰도와 타당도가 검증된 표준화된 검사 도구를 사용한다.
- 심리검사 선택 시 내담자를 포함하여야 한다.
- 내담자의 검사 목적에 맞는 검사이어야 한다.
- 시대에 뒤떨어진 검사가 아니어야 한다.

기타 답안

- 시간과 비용에서 경제적이어야 한다.
- 검사 실시가 용이 해야 한다.

나만의 정리 답안

- ●
- ●
- ●
- ●

16 한국표준산업분류에서 통계단위의 산업을 결정하는 방법 2가지를 쓰시오. (2점)

- ●
- ●

....

....

심플 답안

- 생산단위의 산업활동은 주된 산업활동의 종류에 따라 결정한다.
- 계절에 따라 정기적으로 산업을 달리하는 사업체는
  조사대상 기간 중 산출액이 많았던 활동에 의하여 분류한다.

모범 답안

- 생산단위의 산업활동은 그 생산단위가 수행하는 주된 산업활동의 종류에 따라 결정한다.
- 계절에 따라 정기적으로 산업을 달리하는 사업체의 경우
  조사대상 기간 중 산출액이 많았던 활동에 따라 분류한다.

참고 사항 답안

- 휴업 중 또는 자산 청산 중 사업체는 영업 중 또는 청산 이전의 산업활동으로 결정,
  설립 중인 사업체는 개시하는 산업활동으로 결정한다.

....

나만의 정리 답안

- ●
- ●

17 임금의 하방경직성의 의미를 설명하고, 임금의 하방경직성에 영향을 미치는 요인 5가지를 쓰시오. (6점)

●

●

---

1. 임금의 하방경직성 의미
2. 임금의 하방경직성에 영향을 미치는 요인
정답 핵심 용어 : 강력한 화폐 장기 (역선택) 관행

심플 & 모범 답안

• 의미
: 임금의 하방경직성이란 한번 오른 임금은 경제 여건이 변하더라도 떨어지지 않고
   그 수준을 유지하려고 하는 경향을 의미한다.
• 이유
① 강력한 노동조합
② 화폐환상
③ 사용자와 근로자 간의 장기 근로계약
④ 사회적 관행
⑤ 노동자의 역선택 발생 가능성

나만의 정리 답안

●

●

18 검사 신뢰도란 검사를 동일한 사람에게 실시했을 때 검사 조건이나 검사 시기에 관계없이 점수들이 얼마나 일관성 있는가를 의미한다. 이러한 검사 신뢰도의 종류 3개와 신뢰도에 영향을 주는 요인 3가지를 쓰시오. (6점)

●

●

......

......

......

나만의 정리 답안

●

●

01 내부노동시장의 형성요인 3가지를 쓰고 설명하시오.   (6점)

-

-

-

....

문제 핵심 용어

1. 내부 노동시장 형성요인
정답 핵심 용어 : 우리 회사만의 특수성, 현장훈련, 관습
참고 사항 : 항상 형성요인과 장점 '3가지'로 출제

....

심플 답안

- 숙련의 특수성 : 기업 내부의 노동력에 의해 유일하게 소유 되어지는 숙련기술을 의미한다.
- 현장훈련 : 기업 내부의 생산현장에서 고유한 지식과 기술을 직접 전수하는 것을 의미한다.
- 관습 : 선례에 의존하여 문서화 되지 않은 기업의 전통이나 문화, 규정의 체계를 의미한다.

모범 답안

① 숙련의 특수성
  : 기업의 고유한 숙련의 특수성이란 기록되거나 문서로 전수가 불가능하며
    기업 내의 내부 노동력만이 유일하게 소유하는 숙련의 특수성을 의미한다.
② 현장훈련
  : 현장훈련 과정에서는 실제 현장의 담당자만이 아는 지식을
    전임자가 후임자에게 생산과정을 통해 직접 전수하는 것을 의미한다.
③ 관습
  : 작업장에서 선례에 의존하며, 이러한 반복이 관습이 되어 내부 노동시장을 발전시킨다.

참고 사항 답안

- 내부노동시장의 형성요인
  ① 숙련의 특수성   ② 현장훈련   ③ 기업 내 관습
- 내부노동시장 장점
  ① 우수한 인적자본(인재)가 확보   ② 동기부여   ③ 사용자와 근로자의 장기고용관계가 유지

....

-

-

-

02 보딘은 직업문제를 진단할 때 심리적 원인이 드러나도록 해야 한다고 주장하였다. 보딘이 제시한 직업문제의 심리적 원인을 5가지 쓰고 각각 설명하시오. (10점)

- ●
- ●
- ●
- ●
- ●

....

문제 핵심 용어

1. 보딘의 직업문제의 심리적 원인
2. 정신역동적 직업상담에서의 내담자의 문제유형
정답 핵심 용어 : 의자 정보 선택에는 확신이 결여
참고 사항 : '5가지 쓰시오'의 단답형으로도 출제

....

심플 답안

- 의존성 : 자신의 직업문제에 대한 결정을 중요한 타인에게 의존하려 하는 것을 의미한다.
- 정보의 부족 : 직업결정을 위한 정보가 부족하여 의사결정을 하지 못하는 것을 의미한다.
- 자아갈등 : 진로선택시 한 자아와 다른 자아간의 사람은 내면의 갈등이 일어나는 것을 의미한다.
- 선택의 불안 : 진로선택에 있어서의 불안을 경험하는 것을 의미한다.
- 확신의 결여 : 자신이 선택한 직업에 대해 문제가 없음에도 불구하고 확신이 부족한 것을 의미한다.

모범 답안

- 의존성 : 자신의 직업문제에 대해 주도적이지 못하고 자신이 중요시 생각하는 타인에게 의존하려 한다.
- 정보의 부족 : 경제적·사회적·교육적 정보가 부족한 유형으로 정보의 부족은 현명한 선택과 의사결정을 하지 못하게 한다.
- 자아갈등 : 진로선택과 같이 인생의 중요한 결정을 할 때 사람은 내면의 갈등을 느낀다.
- 선택의 불안 : 자신이 하고 싶어 하는 일과 중요한 타인이 기대하는 일이 다를 경우 개인은 진로선택에서 불안과 갈등을 겪는다.
- 확신의 결여 : 내담자가 직업 선택을 한 후에 단지 그것을 확인하기 위해서 상담자를 찾는 경우이다.

....

나만의 정리 답안

-
-
-
-
-

03 롭퀴스트와 데이비스의 직업적응이론에서 직업적응방식 유형 3가지를 쓰고 설명하시오. (6점)

- ●

- ●

- ●

문제 핵심 용어

1. 직업적응이론에서의 직업적응방식 (= 적응적 측면)

정답 핵심 용어 : 융 끈 적 반

참고 사항 : '4가지 성격양식'도 출제됨으로 두가지를 구별

성격양식	적응양식
• 민첩성 • 역량 • 리듬 • 지구력	• 융통성 • 끈기 • 적극성 • 반응성

심플 답안

- 융통성 : 개인이 직업적 성격과 직업적 환경간의 부조화를 참아내는 정도를 의미한다.
- 끈기 : 환경이 자신에게 맞지 않아도 개인이 얼마나 오랫동안 견뎌낼 수 있는지의 정도를 의미한다.
- 반응성 : 개인이 작업환경을 개인적 방식과 좀 더 조화롭게 만들어 가려고 노력하는 정도를 의미한다.
- 적극성 : 개인이 작업성격의 변화로 인해 작업환경에 반응하는 정도를 의미한다.

모범 답안

- 융통성 : 개인이 직업적 성격과 직업적 환경의 부조화가 있을 때 견디는 정도를 의미한다.
- 끈기 : 환경과의 부조화가 있을 때 환경을 떠나지 않고 부조화를 견디는 기간을 의미한다.
- 반응성 : 직업성격과 직업환경에 부조화가 있을시
  자신의 직업성격을 변화시킴으로써 환경에 적응하기 위해 노력하는 정도를 의미한다.
- 적극성 : 직업성격과 직업환경에 부조화가 있을시 직업환경을 변화시키며
  개인과 조화를 이루려고 노력하는 정도를 의미한다.

참고 사항 답안

- 민첩성 : 정확성보다는 빠르게 반응하는 속도 정도를 의미한다.
- 역량 : 활동수준이 높거나 낮은 정도를 의미한다.
- 리듬 : 활동에 대한 다양성을 의미한다.
- 지구력 : 다양한 활동수준의 기간을 의미한다.

-

-

-

04 Tinsley와 Bradley가 제시한 심리검사 결과 해석의 4단계를 설명하시오.

(4점)

-
-
-
-

문제 핵심 용어

1. Tinsley와 Bradley(틴즐리와 브레들리)
2. 심리검사 해석 4단계

정답 핵심 용어 : 해석 준비, 내담자의 해석 수용, 결과, 추후단계

참고 사항 : '부정적 심리검사 결과를 통보하는 방식'과 구별

심플 & 모범 답안

- 1단계 해석 준비단계로 상담사는 검사 결과를 검토·해석하여 내담자에게 어떻게 전달할 것인지를 준비한다.
- 2단계 내담자의 해석수용 준비단계로 내담자가 검사 결과를 받아드릴 수 있도록 준비시킨다.
- 3단계 검사결과 전달 단계로 내담자가 이해하기 쉬운 언어로 전달한다.
- 4단계 추후단계로 상담자는 내담자가 어떻게 검사결과를 이해하였는지 이야기를 나눈다.

참고 사항 답안

- 내담자가 충격을 받지 않도록 유의한다.
- 내담자의 방어를 최소화하기 위해 해석의 기회를 갖는다.
- 타인에게 부정적인 결과가 노출되지 않도록 비밀보장에 유의한다.
- 내담자에게 기계적으로 전달하지 않으며 적절한 해석을 담은 설명한 함께 전달한다.

나만의 정리 답안

-
-
-
-

05 고트프레드슨의 직업과 관련된 개인발달의 4단계를 쓰시오. (4점)

-
-
-
-

심플 답안

- 힘과 크기 지향성 : 어른이 된다는 것의 의미를 알게 되는 단계이다.
- 성역할 지향성 : 자아개념이 성의 발달에 의해서 영향을 받게 되는 단계이다.
- 사회적 가치 지향성 : 사회계층에 대한 개념이 생기면서, 그 안에서 자아를 인식하게 되는 단계이다.
- 내적 고유한 자아 지향성 : 내적 사고를 통하여 자아인식이 발달되고, 타인에 대한 개념이 생겨나는 단계로 직업적 포부가 발달하게 된다.

모범 답안

- 1단계 힘과 크기 지향성
  : 3~5세에 해당하는 시기로 사고과정이 구체화되며,
  어른이 된다는 것의 의미를 알게 되는 단계이다.
- 2단계 성역할 지향성
  : 6~8세에 해당하는 시기로 자아개념이 성의 발달에 의해서 영향을 받게 되며
  성역활을 획득하게 된다.
- 3단계 사회적 가치 지향성
  : 9~13세에 해당하는 시기로 사회계층에 대한 개념이 생기면서,
  '상황 속 자아'를 인식하게 된다.
- 4단계 내적 고유한 자아 지향성
  :14세 이후에 해당하는 시기로 내적 사고를 통하여 자아인식과 자아정체감이 발달되고,
  타인의 감정이나 생각을 이해하게 된다.

-
-
-
-

06 형태주의 상담에서 내담자들이 자신에 대해 더 잘 자각하고 내적인 갈등을 충분히 경험하며, 미해결된 감정을 해결할 수 있도록 돕기 위해 사용하는 기법 4가지만 쓰시오. (4점)

- ●
- ●
- ●
- ●

문제 핵심 용어

1. 형태주의 상담기법
2. 게슈탈트 상담기법

정답 핵심 용어 : 욕쟁이 과장! 빈의자에서 꿈작업하다 반대로 직면한 감정

참고 사항 : '3가지 쓰고 설명하시오'와 '5가지 쓰시오'의 단답형으로도 출제

심플 & 모범 답안

- 과장하기
- 빈의자 기법
- 꿈작업
- 반대로 행동하기

기타 답안

- 욕구와 감정자각
- 직면

참고 사항 답안

- 과장하기 : 내담자로 하여금 행동이나 언어를 과장하여 표현하게 함으로써 내담자가 자신의 감정을 명확하게 자각할 수 있도록 한다.
- 빈의자 기법 : 미해결과제의 사람이나 특정한 사람이 빈의자에 앉아 있다고 상상하고, 하고싶은 말과 행동을 시도함으로 내담자의 감정을 명료화 시킨다.
- 꿈작업 : 꿈을 현실로 재현하도록 하여 꿈의 각 부분을 연기하며 동일시 해 보도록 한다.

나만의 정리 답안

- ●
- ●
- ●
- ●

07 Super의 경력개발이론에서 경력개발 5단계를 쓰고, 각 단계에 대해 설명하시오. (5점)

- ●
- ●
- ●
- ●
- ●

문제 핵심 용어

경력개발 5단계

정답 핵심 용어 : 성 탐 확 유 쇠

참고 사항 : '수퍼의 발달 단계'와 '수퍼의 경력개발 단계'가 동일

'Hall이 제시한 경력발달 4단계' 출제시 탐색기만 빼고 작성하면 됨

심플 답안

- 성장기 : 욕구와 환상이 지배적이나 점차 흥미와 능력을 중시하게 된다.

　　　　(환상기, 흥미기, 능력기로 이루어져 있다.)
- 탐색기 : 학교생활, 여가활동, 시간제 일과 같은 활동을 통해

　　　　직업탐색을 시도하는 시기이다.

　　　　(잠정기, 전환기, 시행기로 이루어져 있다.)
- 확립기 : 자신에게 적합한 분야를 발견하고 종사하면서

　　　　생활의 터전을 잡으려고 노력한다.
- 유지기 : 정해진 직업에 정착하고 자신의 위치가 확고해지며,

　　　　비교적 안정되고 만족스러운 삶을 살아간다.
- 쇠퇴기 : 직업전선에서 은퇴하며 새로운 역할과 활동을 찾게 된다.

모범 답안

- 성장기

　: 출생에서 14세까지의 시기로 자신의 욕구와 환상에서 점차 흥미와능력을 중시하게 된다.
- 탐색기

　: 15세~24세까지의 시기로서 학교생활, 여가활동, 시간제 일과 같은 활동을 통해

　　자아를 검증하고 역할을 수행하여 직업탐색을 시도하는 시기이다.
- 확립기

　: 22세~44세까지의 시기이며 자신에게 적합한 분야를 발견하고 종사하면서

　　안정적인 생활의 터전을 잡으려고 노력한다.
- 유지기

　: 45세~64세까지의 시기이며 정해진 직업에 정착하고 자신의 위치가 확고해지며,

　　안정된 환경 속에서 비교적 만족스러운 삶을 살아간다.
- 쇠퇴기

　: 65세 이후의 시기이며 정신적·육체적으로 기능이 쇠퇴함에 따라

　　직업전선에서 은퇴하며 다른 새로운 역할과 활동을 찾게 된다.

• 탐색기 : 자신을 이해하고 정체성을 찾는다.

• 확립기 : 직업에 정착하려고 동료들과 관계를 발달시키며 상호작용한다.

• 유지기 : 생산성을 증가 시키려고 노력한다.

• 쇠퇴기 : 자신의 삶과 경력 등을 평가하며 자신의 결정을 통합하며 확신을 갖는다.

· ·

나만의 정리 답안

●

●

●

●

●

08 실업과 관련된 야호다(Jahoda)의 박탈이론에 따르면 일반적으로 고용상태에 있는 것이 실직 상태에 있는 것보다 여러 가지 잠재효과가 있다고 한다. 5가지 잠재효과를 기술하시오. (5점)

-
-
-
-
-

문제 핵심 용어

야호다의 박탈이론
정답 핵심 용어 : 야하다(야호다) 시 사 공 사 활동
참고 사항 : 단답형으로 '5가지 쓰시오'로도 출제

심플 답안

- 시간의 구조화 : 시간을 조직적으로 활용할 수 있도록 해준다.
- 사회인인 접촉 : 사회적 활동의 범위를 넓힌다.
- 공동의 목표 : 직장의 공동 목표에 참여함으로 자신의 가치를 느낀다.
- 사회적 안정성과 지위 : 직장에 소속되어 안정적인 사회적적 정체감을 느낀다.
- 활동성 : 의미 있는 정규 활동을 수행하게 된다.

모범 답안

- 시간의 구조화 : 시간을 계획적이고 조직적으로 활용할 수 있도록 해준다.
- 사회인인 접촉 : 가족 이외의 사람들과 접촉하여 사회적 활동의 범위를 넓힌다.
- 공동의 목표 : 직장의 공동 목표에 참여하고, 이를 통해 자아실현을 경험한다.
- 사회적 안정성과 지위 : 직장에 소속되어 안정적인 사회적인 지위와 신분을 가질 수 있다.
- 활동성 : 의미 있는 정규 활동을 통해 생활에 활력을 불어넣어 준다.

나만의 정리 답안

-
-
-
-
-

09 기혼여성의 경제활동참가율을 낮게 하는 요인 6가지를 쓰시오. (6점)

- ●
- ●
- ●
- ●
- ●
- ●

....

문제 핵심 용어

1. 기혼여성의 경제활동참가율을 낮게 하는 요인
정답 핵심 용어 : 시장임금 남편 자녀 교육수준 보육시설 고용시장 상태
참고 사항 : '기혼여성의 경제활동참가율을 높게 하는 요인'으로도 출제

....

심플 & 모범 답안

- 시장임금의 감소
- 남편소득의 증가
- 자녀수 증가
- 여성의 교육수준 저하
- 보육시설부족 등과 같은 법적 · 제도적 장치의 미비
- 유연하지 못한 고용시장

참고 사항 답안

- 시장임금이 높으면 기혼여성의 경제활동참가율은 증가한다.
- 남편이나 다른 가구원의 소득이 낮을수록 기혼여성의 경제활동참가율은 증가한다.
- 자녀의 수가 적고 연령이 높을수록 기혼여성의 경제활동참가율은 증가한다.
- 기혼여성의 교육수준이 높을수록 기혼여성의 경제활동참가율은 증가한다.
- 자녀의 수가 적고 연령이 높을수록 기혼여성의 경제활동참가율은 증가한다.
- 시간제 근무나 단시간 근무 기회가 높을수혹 기혼여성의 경제활동참가율은 증가한다.
- 기혼여성에 대한 기업의 노동수요가 높으면 기혼여성의 경제활동참가율은 증가한다.

....

나만의 정리 답안

-
-
-
-
-
-

10 구성타당도 2가지를 쓰고 설명하시오. (4점)

-
-

---

1. 구성타당도 종류
정답 핵심 용어 : 수렴, 변별 요인
참고 사항 : '구성타당도의 종류 3가지를 쓰시오'로 출제

심플 & 모범 답안

- 수렴타당도 : 어떤 검사 결과가 해당 속성과 관련 있는 변수들과
상관계수가 높을수록 수렴타당도가 높다.
- 변별타당도 : 어떤 검사 결과가 해당 속성과 관련 없는 변수들과
상관계수가 낮을수록 변별타당도가 높다.

기타 답안

- 요인분석 : 검사문항들의 상관관계를 분석하여 상관이 높은 문항들을 묶어주는 통계적 방법

나만의 정리 답안

-
-

11 직무가 어떤 가치를 지니고 있는지 결정하는 직무평가방법 3가지 쓰고 설명하시오. (6점)

-

-

-

....

문제 핵심 용어

1. 직무평가방법
정답 핵심 용어 : 점수 서열 분류

....

심플 & 모범 답안

- 서열법 : 직무의 상대적 가치에 기초를 두고
  각 직무의 중요도와 장점에 따라 순서를 정하는 방법이다.
- 분류법 : 사전에 만들어 놓은 등급에 각 직무를 맞추어 평가하는 방법이다.
- 점수법 : 직무의 여러가지 요소를 뽑아 중요도에 따라 점수를 산정하고 총점수를 구하여
  직무평가를 실시하는 방법이다.

....

나만의 정리 답안

-

-

-

12 홀랜드(Holland)의 인성이론에서 제안한 성격이론 6가지 유형을 설명하시오. (6점)

- ●
- ●
- ●
- ●
- ●
- ●

....

....

심플 & 모범 답안

- 현실형 : 기계, 도구의 체계적 조작활동을 좋아하나 사회적 기술은 부족하다.
  대표직업은 기술자, 트럭운전사 등이 있다.
- 탐구형 : 분석적이고 조직적이며 정확한 반면 리더쉽이 부족하다.
  대표적 직업은 의사, 과학자 등이 있다.
- 예술형 : 표현이 풍부하고 독창적이나 규범적 기술은 부족하다.
  대표직업은 예술가, 작가 등이 있다.
- 사회형 : 다른 사람과 함께 일하거나 사람을 돕는 일을 즐긴다.
  반면 질서정연하고 조직적인 활동을 싫어하며, 기계적인 능력이 부족하다.
  대표적 직업은 교육자, 상담가 등이 있다.
- 진취형 : 목표를 달성하기 위하여 조직원을 관리·통제하는 활동을 즐기며
  리더십이 있으나 분석적이고 과학적 능력은 부족하다.
  대표적 직업은 경영자, 정치가 등이 있다.
- 관습형 : 체계적으로 자료를 잘 처리하고, 기록 정리에 뛰어나나
  심미적 활동은 싫어한다.
  대표적 직업은 은행원, 사서 등이 있다.

....

나만의 정리 답안

-
-
-
-
-
-

13 한국직업사전의 부가 직업정보 중 육체활동의 구분 5가지를 쓰시오. (5점)

●

---

1. 부가직업정보의 육체활동
정답 핵심 용어 : 직장상사가 나를 부를 때 '보고 듣고 말하고 내 손을 움직여야 함'
참고 사항 : '4가지, 5가지 쓰시오'로 출제
　　　　　　 cf) 육체활동은 6가지로 구분

- 시각
- 청각
- 언어력
- 손사용
- 웅크림

- 균형감각

●

14 한국표준직업분류(KSCO)의 대분류와 직능수준의 관계를 묻는 표 안의 답란을 채우시오. (4점)

대분류 항목	직능수준
관리자	1) 제( ) 직능수준 혹은 제( ) 직능수준 필요
판매종사자	2) 제( ) 직능수준 필요
장치·기계 조작 및 조립종사자	3) 제( ) 직능수준 필요
군인	4) 제( ) 직능수준 이상 필요

●

문제 핵심 용어

1. 대분류의 직능수준

정답 핵심 용어 : 관전사서 판농기장 단군

참고 사항 : 10개 대분류에 해당하는 직능수준 암기 권장

심플 & 모범 답안

대분류 항목	직능수준
관리자	1) 제(4) 직능수준 혹은 제(3)직능수준 필요
판매종사자	2) 제(2) 직능수준 필요
장치·기계 조작 및 조립종사자	3) 제(2) 직능수준 필요
군인	4) 제(2) 직능수준 이상 필요

나만의 정리 답안

●

15 집단 내 규준 3가지를 쓰고 설명하시오. (6점)

- ●
- ●
- ●

....

....

심플 답안

- 백분위점수 : 한 개인의 상대적 위치를 백분율로 나타낸 점수를 의미한다.
- 표준점수 : 심리검사에서 개인의 점수가 평균으로부터 떨어져 있는 거리를 의미한다.
- 표준등급 : 원점수를 비율에 따라 1~9 범주로 나누어 등급을 매기는 방법이다.

모범 답안

- 백분위점수 : 특정집단의 점수분포에서 한 개인의 상대적 위치를
  백분율로 나타낸 점수를 의미한다.
- 표준점수 : 정규 분포상에서 표준편차를 이용하여
  평균에서 얼마나 떨어져 있는지를 알 수 있는 점수를 말한다.
- 표준등급 : 스테나인 점수로 불리는 표준등급은
  원점수를 비율에 따라 1~9 범주로 나누어 등급을 매기는 방법이다.

....

나만의 정리 답안

- ●
- ●
- ●

16 직업심리검사의 신뢰도를 추정하는 방법 3가지를 설명하시오. (6점)

-
-
-

....

문제 핵심 용어

1. 신뢰도 추정 방법
정답 핵심 용어 : 내적 동형 재검사
참고사항 : '검사-재검사 신뢰도, 동형 검사 신뢰도, 내적 합치도를 설명하시오'로도 출제

....

심플 답안

• 검사-재검사 신뢰도
 : 동일한 검사를 동일한 수검자에게 일정시간 간격을 두고 두 번 실시하여 얻은
  두 검사 점수의 상관계수를 비교한다.
• 동형 검사
 : 첫 번째 검사와 동등한 유형의 검사를 동일한 수검자에게 실시하여 얻은
  두 검사 점수의 상관계수를 비교한다.
• 내적 신뢰도
 : 한 개의 검사를 실시하고 그 검사의 문항을 동형이 되도록 두 개의 검사로 나누어
  두 검사 점수의 상관계수를 비교한다.

모범 답안

• 검사-재검사 신뢰도
 : 동일한 검사를 동일한 수검자에게 일정시간 간격을 두고 두 번 실시하여 얻은
  두 검사 점수의 상관계수를 비교하여 '안정성 계수'라고도 한다.
• 동형 검사
 : 첫 번째 검사와 검사의 성격이나 목표, 구성내용, 문항수, 실시과정, 난이도 등
  모든 면에서 최대한 동등한 유형의 검사를 동일한 수검자에게 시행하여 얻은
  두 검사 점수의 상관계수를 비교한다.
• 내적(반분) 신뢰도
 : 한 개의 검사를 실시하고 그 검사의 문항을 동형이 되도록 두 개의 검사로 나누어
  두 검사 점수가 어느 정도 일치하는가를 상관계수를 통해 추정한다.

....

-
-
-

17 실존주의적 상담은 실존적 존재로서의 인간이 갖는 궁극적 관심사에 대한 자각이 불안을 야기한다고 한다. 실존주의의 상담자들이 내담자의 궁극적 관심사와 관련하여 중요하게 생각하는 주제를 4가지만 쓰고 각각에 대해 간략하게 설명하시오.

(8점)

- ●
- ●
- ●
- ●

....

문제 핵심 용어

1. 실존주의에서 중요하게 생각하는 주제

정답 핵심 용어 : 삶의 의미성을 가지고 자유롭고 진실하게 살다 죽자(죽자의진)

참고 사항 : 얄롬의 주제(죽자고무)와 구별

....

심플 답안

- 죽음과 비존재 : 인간은 언젠가 자신이 죽는다는 것을 스스로 알고 있는 존재이다.
- 자유와 책임 : 인간은 자신의 삶을 선택할 자유와 책임이 있다.
- 삶의 의미성 : 인간은 자신의 삶의 목적과 의미를 찾기 위해 노력한다.
- 진실성 : 인간은 자신의 실존을 획득하기 위해 노력한다.

모범 답안

- 죽음과 비존재 : 인간은 언젠가 자신이 죽는다는 것을 스스로 알고 있는 존재이다.
- 자유와 책임 : 인간은 자신의 삶과 미래를 개척할 자유가 있으며 그에 따른 책임도 있다.
- 삶의 의미성 : 인간은 자신의 삶의 목적과 의미를 찾기 위해 노력한다.
- 진실성 : 인간은 자신의 실존을 획득하기 위해 자신을 정의하고 진실하게 노력한다.

....

나만의 정리 답안

- ●
- ●
- ●
- ●

18 산업분류의 결정방법 중 생산단위의 활동형태에서 주된 활동과 보조활동을 각각 설명하시오. (4점)

- ●

- ●

문제 핵심 용어

1. 주된 산업활동, 보조적 산업활동

정답 핵심 용어 : 주된 활동 - 부가가치액

　　　　　　　　부차적 활동 - 재화 생산 및 서비스

　　　　　　　　보조 활동 - 지원활동

참고 사항 : 한국표준산업활동에서의 정의로 있는 암기 문제

　　　　　　'주된 산업활동, 부차적 산업 활동, 보조적 산업활동' 모두 출제

....

심플 답안

- 주된 산업활동 : 생산된 재화 또는 제공된 서비스 중에서 부가가치(액)가 가장 큰 활동이다.
- 보조적 산업활동 : 주된산업활동과 부차적 산업활동을 지원하는 활동으로
　　　　　　　　　회계, 창고, 운송, 구매 등이 포함된다.

모법 답안

- 주된 산업 활동 : 산업 활동이 복합적으로 이루어질 경우 생산된 재화 또는 제공된 서비스 중에서
　　　　　　　　부가가치(액)가 가장 큰 활동이다.
- 보조적 산업활동 : 주된산업활동과 부차적 산업활동을 지원하는 활동으로
　　　　　　　　　회계, 창고, 운송, 구매 등이 포함된다.

....

나만의 정리 답안

- ●

- ●

01 한국직업사전의 부가 직업정보 중 직무기능은 자료, 사람, 사물과 연관된 특성을 나타낸다. 그 중 사물의 세부사항에 대한 오른쪽 설명을 보고 빈칸에 해당하는 기능을 쓰시오. (5점)

기능	설명
설치	기계의 성능, 재료의 특성, 작업장의 관례 등에 대한 지식을 적용하여 연속적인 기계가공 작업을 수행하기 위한 기계 및 설비의 준비, 공구 및 기타 기계장비의 설치 및 조정, 가공물 또는 재료의 위치 조정, 제어장치 설정, 기계의 기능 및 완제품의 정밀성 측정 등을 수행한다.
(ㄱ)	설정된 표준치를 달성하기 위하여 궁극적인 책임이 존재하는 상황 하에서 신체부위, 공구, 작업도구를 사용하여 가공물 또는 재료를 가공, 조종, 이동, 안내하거나 또는 정위치시킨다. 그리고 도구, 가공물 또는 원료를 선정하고 작업에 알맞게 공구를 조정한다.
(ㄴ)	기계 또는 설비를 시동, 정지, 제어하고 작업이 진행되고 있는 기계나 설비를 조정.
(ㄷ)	다양한 목적을 수행하고자 사물 또는 사람의 움직임을 통제하는데 있어 일정한 경로를 따라 조작되고 안내되어야 하는 기계 또는 설비를 시동, 정지하고 그 움직임을 제어한다.
(ㄹ)	기계, 설비 또는 재료를 가공, 조정, 이동 또는 위치할 수 있도록 신체부위, 공구 또는 특수장치를 사용한다. 정확도 달성 및 적합한 공구, 기계, 설비 또는 원료를 산정하는데 있어서 어느 정도의 판단력이 요구된다.
(ㅁ)	기계 및 장비를 시동, 정지하고 그 기능을 관찰한다. 체인징가이드, 조정타이머, 온도게이지 등의 계기의 제어장치를 조정하거나 원료가 원활히 흐르도록 밸브를 돌려주고 빛의 반응에 따라 스위치를 돌린다. 이러한 조정업무에 판단력은 요구되지 않는다.
투입·인출	자동적으로 또는 타작업원에 의하여 가동, 유지되는 기계나 장비안에 자재를 삽입, 투척, 하역하거나 그 안에 있는 자재를 다른 장소로 옮긴다.
단순작업	신체부위, 수공구 또는 특수장치를 사용하여 기계, 장비, 물건 또는 원료 등을 정리, 운반 처리한다. 정확도 달성 및 적합한 공구, 장비, 원료를 선정하는데 판단력은 요구되지 않는다.

-
-
-
-
-

1. 직무기능에서의 사물
정답 핵심 용어 : 설정제 조작 수동 단순
  - 기본틀 : 종조분 자협교 설정제
참고 사항 : 2021년 신출로 매년 출제되고 있음
  '자료 사람 사물 빈칸 채우기'로도 출제
  - 종조분 수산기교
  - 자협교 감독 설득

심플 & 모범 답안

- (ㄱ) 정밀작업
- (ㄴ) 제어조작
- (ㄷ) 조작운전
- (ㄹ) 수동조작
- (ㅁ) 유지

참고 사항 답안

직무기능 수준

	자료	사람	사물
0	종합	자문	설치
1	조정	협의	정밀작업
2	분석	교육	제어조작
3	수집	감독	조작운전
4	계산	오락제공	수동조작
5	기록	설득	유지
6	비교	말하기 - 신호	투입 - 인출
7	-	서비스제공	단순작업
8	관련없음	관련없음	관련없음

나만의 정리 답안

-
-
-
-
-

02 한국 표준직업분류에서 직업분류의 일반원칙 2가지를 쓰고 설명하시오. (4점)

- ●
- ●

....

문제 핵심 용어

1. 직업분류의 일반원칙
정답 핵심 용어 : 포괄성과 배타성
참고 사항 : 직업분류의 일반원칙과 포괄적 업무분류 원칙과 다수직업 종사자의 분류원칙 구별

....

심플 답안

- 포괄성의 원칙 : 모든 직무는 분류에 전부 포괄되어야 한다는 원칙이다.
- 배타성의 원칙 : 동일하거나 유사한 직무는 같은 단위 직업으로 분류되어야 한다는 원칙이다.

모범 답안

- 포괄성의 원칙 : 모든 직무는 어떤 수준에서든지 분류에 포괄되어야 한다.
- 배타성의 원칙 : 동일하거나 유사한 직무는 같은 단위 직업으로 분류되어야 한다.

....

나만의 정리 답안

- ●
- ●

03 흥미검사는 특정 직업 활동에 대한 선호를 측정하기 위해 만들어잔 곳아더, 현재 사용되고 있는 흥미검사의 종류 5가지를 쓰시오.

(5점)

- ●
- ●
- ●
- ●
- ●

....

문제 핵심 용어

1. 흥미검사 종류

정답 핵심 용어 : **잭슨 스 - 쿠더** 타고 **오하이오** 가서 **직업흥미검사** 받기

....

심플 & 모범 답안

- 직업흥미검사
- 스트롱 직업흥미검사
- 쿠더 직업흥미검사
- 잭슨 직업흥미검사
- 오하이오 직업흥미검사

기타 답안

- 직업선호도검사
- 자기방향탐색
- 진로사정검사

....

나만의 정리 답안

- ●
- ●
- ●
- ●
- ●

04 한국 표준산업분류에서 통계단위의 산업 결정방법 4가지를 쓰시오. (4점)

- ●
- ●
- ●
- ●

....

1. 산업을 결정하는 방법
정답 핵심 용어 : 생산 계절 휴업 단일
참고 사항 : 산업을 결정하는 방법'과 '산업분류 적용원칙' 구별해서 답안 작성
 - 산업을 결정하는 방법 : 생산 계절 휴업
 - 산업분류 적용원칙 : 생산단위는 복합적인 산업활동이 공식적

....

심플 답안

- 생산단위의 산업활동은 주된 산업활동의 종류에 따라 결정한다.
- 계절에 따라 정기적으로 산업을 달리하는 사업체는
 조사대상 기간 중 산출액이 많았던 활동에 의하여 분류한다.
- 휴업 중 또는 자산 청산 중 사업체는 영업 중 또는 청산·이전의 산업활동으로 결정,
 설립 중인 사업체는 개시하는 산업활동으로 결정한다.
- 단일사업체의 보조단위는 그 사업체의 일개 부서로 포함한다.

모범 답안

- 생산단위의 산업활동은 그 생산단위가 수행하는 주된 산업활동의 종류에 따라 결정한다.
- 계절에 따라 정기적으로 산업을 달리하는 사업체의 경우
 조사대상 기간 중 산출액이 많았던 활동에 따라 분류한다.
- 휴업 중 또는 자산 청산 중 사업체는 영업 중 또는 청산 이전의 산업활동으로 결정,
 설립 중인 사업체는 개시하는 산업활동으로 결정한다.
- 단일사업체의 보조단위는 그 사업체의 일개 부서로 포함하며,
 여러 사업체를 관리하는 중앙 보조단위(본부, 본사 등)는 별도의 사업체로 처리한다.

....

나만의 정리 답안

- ●
- ●
- ●
- ●

05 표준화된 심리검사에는 집단 내 규준이 포함되어 있다. 집단 내 규준인 백분위 점수, 표준 점수, 표준 등급의 의미를 설명하시오. (6점)

-
-
-

....

....

심플 답안

- 백분위점수 : 한 개인의 상대적 위치를 백분율로 나타낸 점수를 의미한다.
- 표준점수 : 심리검사에서 개인의 점수가 평균으로부터 떨어져 있는 거리를 의미한다.
- 표준등급 : 원점수를 비율에 따라 1~9 범주로 나누어 등급을 매기는 방법이다.

모범 답안

- 백분위점수 : 특정집단의 점수분포에서 한 개인의 상대적 위치를 백분율로 나타낸 점수를 의미한다.
- 표준점수 : 정규 분포상에서 표준편차를 이용하여 평균에서 얼마나 떨어져 있는지를 알 수 있는 점수를 말한다.
- 표준등급: 스테나인 점수로 불리는 표준등급은 원점수를 비율에 따라 1~9 범주로 나누어 등급을 매기는 방법이다.

....

나만의 정리 답안

-
-
-

06 행동주의 직업상담의 상담기법은 크게 불안감소기법과 학습촉진 기법의 유형으로 구분할 수 있다. 각 유형별 대표적 방법을 각각 3가지 쓰시오. (6점)

- ●
- ●

문제 핵심 용어

1. 불안감소기법과 학습촉진기법
정답 핵심 용어 : 체주홍 강대리변별 (체주홍과 강대리는 변별)
참고 사항 : 학습촉진기법은 '3가지 쓰고 설명하시오'로도 출제
　　　　　 불안감소기법은 '3가지 쓰시오'로 출제
　　　　　 대신 체계적 둔감법을 별도로 '의미와 단계를 설명하시오'로 출제

심플 & 모범 답안

- 불안감소기법
  ① 체계적 둔감법　　② 주장훈련　　③ 홍수법
- 학습촉진기법
  ① 강화　　　　　　② 대리학습　　③ 변별학습

참고 사항 답안

- 학습촉진기법
  ① 강화: 내담자의 행동에 대하여 긍정적 또는 부정적 반응을 보임으로서 내담자의 바람직한 행동의 빈도를 높인다.
  ② 대리학습 : 다른 사람들의 행동에 대해 관찰 · 모방하여 학습하도록 한다.
  ③ 변별학습 : 검사도구들을 사용하여 자신의 능력과 태도 등을 변별하고 비교하여 학습하도록 한다.
- 불안감소기법
  ① 의미 : 불안을 감소시키는 행동주의의 대표적인 기법이다.
  ② 단계 : 1단계 근육이완훈련
  　　　　　　- 근육이완훈련으로 몸의 긴장을 풀도록 한다.
  　　　　2단계 불안위계목록 작성
  　　　　　　- 불안을 일으키는 자극들 중
  　　　　　　 불안을 가장 약하게 일으키는 것부터 시작하여 강하게 일으키는 것으로 순서대로 작성한다.
  　　　　3단계 체계적 둔감화
  　　　　　　- 내담자로 하여금 이완된 상태에서 불안을 일으키는 장면을 상상하도록 유도하여
  　　　　　　 불안 위계표에 따른 불안반응을 점차적으로 경감 혹은 제거해 나간다.

나만의 정리 답안

- ●
- ●

07 홀랜드 인성이론에서 제안한 6가지 성격유형을 쓰시오. (6점)

- ●
- ●
- ●
- ●
- ●
- ●

....

문제 핵심 용어

1. 홀랜드 유형 6가지
정답 핵심 용어 : 현 탐 예 사 진 관
참고 사항 : '쓰시오'는 단답형으로 '쓰고 설명하시오' 일 때는 간략한 설명 덧붙이기

....

심플 답안

• 현실형, 탐구형, 예술형, 사회형, 진취형, 관습형

....

나만의 정리 답안

- ●
- ●
- ●
- ●
- ●
- ●

08 직무분석 방법 중 질문지법의 장점과 단점을 각각 2가지씩 쓰시오. (4점)

- ●

- ●

....

문제 핵심 용어

1. 질문지법의 장단점

참고 사항 : 직무분석법의 종류로서 면담법은 출제되었으나
            질문지법은 직업정보를 탐색하는 방법론으로는 해당하여 숙지할 필요가 있음
            직무분석법의 '면담법'을 묻는 별도의 문제로도 출제
            '설문지법의 장·단점을 쓰시오'와 동일한 문제

....

심플 & 모범 답안

• 장점
 ① (비용이) 경제적이다.
 ② 시행 · 채점 · 해석이 간단하다.
• 단점
 ① 질문 외의 정보를 얻기는 어렵다.
 ② 직무가 수행되는 상황은 반영되지 않는다.

기타 답안

장점 : 모든 직무에 사용이 가능하다, 짧은 시간에 많은 정보를 얻을 수 있다.
단점 : 문항 내용의 제한성이 있다, 반응에 의한 왜곡이 있다.

....

나만의 정리 답안

- ●

- ●

09 실험실 연구의 장점 3가지를 쓰시오. (3점)

-
-
-

문제 핵심 용어

1. 실험실 연구의 장점
정답 핵심 용어 : 가외변인, 무선배치, 독립변인 조작
참고 사항 : 실험연구는 크게 현장실험과 실험실 연구로 나눔
  - 현장실험 : 실제 생활이나 자연스러운 환경에서
    변수를 조작하고 그 결과를 관찰하는 실험 방법
  - 실험실 연구 : 통제된 환경에서 변수를 조작하고 그 결과를 관찰하는 실험 방법

심플 & 모범 답안

- 가외변인의 영향을 엄격히 통제가능하다.
- 피험자나 실험조건의 무선배치가 가능하다.
- 독립변인을 자유롭게 조작할 수가 있다.

나만의 정리 답안

-
-
-

10 아래 내용을 참조하여 물음에 답하시오.

(6점)

노동공급단위	임금	한계수입생산
5단위	6	62
6단위	8	50
7단위	10	38
8단위	12	26
9단위	14	14
10단위	16	2

1) 노동공급이 7단위일 때 한계노동비용을 구하시오.

●

2) 이윤 극대화가 이루어지는 노동공급과 임금을 구하시오.

●

⋯⋯⋯⋯⋯⋯⋯⋯⋯⋯⋯⋯⋯⋯⋯⋯⋯⋯⋯⋯⋯⋯⋯⋯⋯⋯⋯⋯⋯⋯

문제 핵심 용어

1. 한계노동비용 = 노동의 한계비용

정답 핵심 용어 : 한계노동비용 $= \dfrac{\text{총노동비용의 증가분}}{\text{노동투입량의 증가분}}$

이윤극대화가 이루어지는 시점은 '한계노동비용 = 한계수입생산' 일 때

⋯⋯⋯⋯⋯⋯⋯⋯⋯⋯⋯⋯⋯⋯⋯⋯⋯⋯⋯⋯⋯⋯⋯⋯⋯⋯⋯⋯⋯⋯

심플 & 모범 답안

노동량	5	6	7	8	9	10
임금	6	8	10	12	14	16
노동총비용	30	48	70	96	126	160
한계노동비용		48 - 30 = 18	70 - 48 = 22	96 - 70 = 26	126 - 96 = 30	160 - 126 = 34
한계수입생산	62	50	38	26	14	2

1) 노동공급이 7단위일 때 한계노동비용을 구하시오.
  • 한계노동비용은
    노동 1단위를 추가로 투입할 때 그로 인한 노동 총비용의 증가분을 의미한다.
    노동공급 6단위일 때 노동 총비용 = 6×8 = 48
    노동공급 7단위일 때 노동 총비용 = 7×10 = 70
    ∴ 한계노동비용 = 70 - 48 = 22

2) 이윤 극대화가 이루어지는 노동공급과 임금을 구하시오.
- 이 시장은 노동공급의 증가에 따라 단위당 임금이 상승하므로 수요독점 노동시장이다.
  수요독점 노동시장에서는 '한계노동비용 = 한계수입생산'에서 이윤의 극대화가 이루어진다.
  따라서, 한계노동비용 26과 한계수입생산 26이 만나는 8단위에서 이윤이 극대화된다.
  ∴ 이윤극대화가 이루어지는 노동공급은 8이고, 임금은 12이다.

나만의 정리 답안

-

-

11 다음은 준거타당도에 관한 사항이다. 물음에 답하시오. (6점)

1) 준거타당도의 2가지 종류를 쓰고 설명하시오.

-
-

2) 여러 가지 타당도 중에서 특히 직업상담사에게 준거타당도가 중요한 이유를 2가지 설명하시오.

-
-

3) 실증연구에서 얻은 타당도 계수와 실제 연구에서의 타당도 계수가 다른데, 실제 연구에서 타당도 계수가 낮은 이유를 3가지 쓰시오.

-
-
-

문제 핵심 용어

1. 준거타당도의 종류
2. 준거타당도가 중요한 이유
3. 실제 연구에서 타당도 계수가 낮은 이유
참고 사항 : '2. 준거타당도가 중요한 이유'로도 출제되고
'2. 준거타당도가 낮은 검사를 사용해서는 안되는 이유'로도 출제됨

심플 & 모범 답안

1) 준거타당도의 2가지 종류를 쓰고 설명하시오.
- 예언타당도 : 현재 검사 점수가 피검자의 미래행동과 특성을 정확하게 예측하는
여부정도를 추정하는 타당도로 미래의 행위에 초점을 맞춘 것이다.
- 동시타당도 : 해당 검사 점수와 준거점수를 동시에 측정해
상관계수를 검정하는 것으로 현재 행위에 초점을 맞춘 것이다.

2) 준거타당도가 중요한 이유
- 선발, 배치, 훈련 등의 인사관리에 관한 의사결정의 설득력제공을 제공한다.
- 미래의 행동이나 특성을 예측할 수 있다.

3) 실제 타당도 계수보다 낮은 이유
- 표집오차가 발생하기 때문이다.
- 준거측정치의 신뢰도가 낮은 경우 실제 타당도 계수보다 낮게 나타난다.
- 준거측정치의 타당도에 준거결핍이나 오염이 있을 경우
실제 타당도 계수보다 낮게 나타난다.

1) 준거타당도의 2가지 종류를 쓰고 설명하시오.
-
-

2) 여러 가지 타당도 중에서 특히 직업상담사에게 준거타당도가 중요한 이유를 2가지 설명하시오.
-
-

3) 실증연구에서 얻은 타당도 계수와 실제 연구에서의 타당도 계수가 다른데,
   실제 연구에서 타당도 계수가 낮은 이유를 3가지 쓰시오.
-
-
-

12 진로상담 과정에서 관계를 수립하고 내담자의 문제를 파악하는데 사용하는 기본 상담기술 5가지를 쓰시오. (5점)

- ●
- ●
- ●
- ●
- ●

....

문제 핵심 용어

1. 기본 상담 기술
정답 핵심 용어 : 공감, 수용. 반영, 경청, 요약과 재진술, 적극적 경청,
　　　　　　　감정이입, 명료화, 유머, 탐색적 질문 등
참고 사항 : 직업상담사의 '일반적 자질', '일반적 태도'와 '기본 상담 기술' 구별
　　　　　'6가지 쓰시오'로도 출제

....

심플 & 모범 답안

- 공감
- 수용
- 반영
- 경청
- 요약과 재진술

기타 답안

적극적 경청, 명료화, 감정이입, 환언 등

....

나만의 정리 답안

- ●
- ●
- ●
- ●
- ●

---

12 진로상담 과정에서 관계를 수립하고 내담자의 문제를 파악하는데 사용하는 기본 상담기술 5가지를 쓰시오. (5점)

- ●
- ●
- ●
- ●
- ●

문제 핵심 용어

1. 기본 상담 기술
정답 핵심 용어 : 공감, 수용. 반영, 경청, 요약과 재진술, 적극적 경청, 감정이입, 명료화, 유머, 탐색적 질문 등
참고 사항 : 직업상담사의 '일반적 자질', '일반적 태도'와 '기본 상담 기술' 구별
'6가지 쓰시오'로도 출제

심플 & 모범 답안

- 공감
- 수용
- 반영
- 경청
- 요약과 재진술

기타 답안

적극적 경청, 명료화, 감정이입, 환언 등

나만의 정리 답안

- ●
- ●
- ●
- ●
- ●

2023년 | 3회 기출

183 2차 실기 문제

13 로저스는 내담자 중심 상담을 성공적으로 이끄는 데 있어서 상담자의 능동적 성향을 강조하였다. 내담자 중심 상담법을 사용할 때, 직업상담사가 갖추어야 할 3가지 기본 태도에 대해 설명하시오. (6점)

-
-
-

심플 답안

- 일치성 : 상담사는 진실하고 (내담자에 대하여) 개방적이어야 한다.
- 무조건적 수용 : 내담자를 있는 그대로 받아들이며 존중한다.
- 공감적 이해 : 상담자가 내담자의 입장에서 내담자를 깊게 이해하면서도, 자신의 길을 잃지 않는다.

모범 답안

- 일치성 : 상담자가 상담관계에서 느낀 감정과 태도를 솔직하게 인정하고 표현하는 자세를 의미한다.
- 무조건적 수용 : 내담자를 있는 그대로 받아 드리며 긍정적으로 존중한다.
- 공감적 이해 : 상담자가 내담자의 입장에서 내담자를 깊게 이해하면서도, 자신의 역할과 자세를 잃지 않는다.

나만의 정리 답안

-
-
-

14 심리검사의 측정내용에 따른 분류 중 성향검사의 종류 6가지를 쓰시오. (6점)

- ●
- ●
- ●
- ●
- ●
- ●

....

문제 핵심 용어

1. 성향검사

정답 핵심 용어 : 지 적 성 사고인지장애, 성 흥 태 적동인지(기본틀 - 지적성 성흥태)

참고 사항 : '성향검사의 종류 6가지'와 '성능검사의 종류 6가지'를 쓰시오는 별개로 출제

　　　　　'성능검사와 성향검사의 종류 3가지씩 쓰시오'로도 출제

성능검사	성향검사
지 적 성 사고인지장애	성 흥 태 적동인지
지능검사 적성검사 성취도 검사 사고 능력검사 인지 능력검사 장애 진단검사	성격검사 흥미검사 태도검사 적응검사 동기검사 인지양식검사

....

심플 & 모범 답안

• 성격검사, 흥미검사, 태도검사, 적응검사, 동기검사, 인지양식 검사

....

나만의 정리 답안

-
-
-
-
-
-

15 인지 정서 상담기법의 기본 가정, 기본개념, 상담의 목표를 쓰시오.   (6점)

- ●
- ●
- ●

....

....

심플 & 모범 답안

- 기본가정
  : 인간은 비합리적인 사고와 합리적 사고가 동시에 가능한 존재이며
    인간의 정서적 문제는 비합리적 사고에서 비롯된다.
- 기본 개념
  : 정서적 문제해결을 위해 비합리적 사고를 합리적 사고로 전환하고자
    A-B-C-D-E-F 모형을 적용한다.
- 상담 목표
  : 논박을 통한 합리적 신념을 획득하고 여기에서 비롯된 새로운 감정을 획득한다.
  : 비합리적인 신념의 수정을 통해 내담자의 문제를 해결한다.

....

나만의 정리 답안

- ●
- ●
- ●

16 정신역동적 직업상담 모형을 구체화시킨 보딘의 직업상담과정 3단계를 쓰고 각각에 대해 설명하시오. (6점)

- ●
- ●
- ●

....

....

심플 답안

- 탐색과 계약체결 : 내담자의 욕구와 개인역동을 탐색하고 상담전략을 체결한다.
- 중대한 결정 : 성격에 맞는 직업을 선택할지,
  직업에 맞추어 자신의 성격을 변화시킬지를 결정하는 핵심단계이다.
- 변화를 위한 노력 : 선택하고자 하는 직업에 맞게 성격 욕구 흥미 등의 부분에서
  자아 이해를 확대하며 지속적인 변화를 모색한다.

....

나만의 정리 답안

- ●
- ●
- ●

17 다음은 비정규직 근로자에 대한 설명이다. ( ) 안에 알맞은 내용을 쓰시오. (6점)

가. (ⓐ)는 근로계약기간을 정한 자 또는 정하지 않았으나
비자발적 사유로 계속 근무를 기대할 수 없는 자이다.
나. (ⓑ)는 기간의 정함이 있는 근로계약을 체결하여
고용의 지속성을 기대할 수 없는 자이다.
다. 시간제근로자는 근로시간이 짧은 비상근 파트타임 근로자이다.
라. (ⓒ)는 파견근로자, 용역근로자, 특수고용근로자, 가정 내 근로자(재택·가내), 일일(호출) 근로자 등이 있다.

●

●

●

문제 핵심 용어

1. 비정규직 근로자
정답 핵심 용어 : 비자발적 사유, 기간의 정함이 있는, 다양한 전형

심플 & 모범 답안

ⓐ 한시적 근로자
ⓑ 기간제 근로자
ⓒ 비전형근로자

나만의 정리 답안

●

●

●

18 내담자와의 초기 면담 수행 시 상담자가 유의해야 할 사항 4가지를 쓰시오. (4점)

-
-
-
-

문제 핵심 용어

1. 초기면담
참고 사항 : 상담초기에 상담사가 해야 할 사항과 동일

심플 & 모범 답안

- 상담 전 가능한 모든 사례자료 검토하기
- 내담자의 초기 목표를 명확히 하기
- 비밀 유지에 대해 설명하기
- 면담 내용을 요약

기타 답안

- 내담자의 상담에 대한 기대를 결정하기

나만의 정리 답안

-
-
-
-

01 완전 경쟁시장에서 A제품(단가 100원)을 생산하는 어떤 기업의 단기 생산함수가 다음과 같다. 기업의 이윤 극대화를 위한 최적고용량을 도출하고 그 근거를 설명하시오. (단위당 임금 : 150원)

(4점)

노동 투입량	0단위	1단위	2단위	3단위	4단위	5단위	6단위
총생산량	0개	2개	4개	7개	8.5개	9개	9개

•

•

문제 핵심 용어

1. 이윤 극대화를 위한 최적 고용량

정답 핵심 용어 : 이윤 극대화 ⇨ 노동의 한계생산물 가치 = 임금

참고 사항 : 노동의 한계생산물 가치 = 노동의 한계생산량 × 가격

심플 & 모범 답안

노동 투입량	0단위	1단위	2단위	3단위	4단위	5단위	6단위
총생산량	0개	2개	4개	7개	8.5개	9개	9개
한계생산물	–	2개	2개	3개	1.5개	0.5개	0개
한계생산물가치	–	200원	200원	300원	150원	50원	0원

• 이윤극대화 원칙은 임금과 한계생산물 가치가 동일할 때이다.

  단위당 임금이 150원이므로 임금 150원과 한계생산물 가치 150원이 만나는 4단위에서 최적 고용량이 도출된다.

나만의 정리 답안

•

•

02 역전이에 대한 설명과 해결책에 대해 설명하시오. (4점)

- ●
- ●

....

1. 역전이와 해결책
정답 핵심 용어 : 상담자가 내담자에게 투사(옮기는 것)

....

심플 답안

- 역전이란 상담자가 과거에 중요한 인물에게서 느꼈던 감정이나 생각을
  내담자에게 투사하는 것이다.
- 해결책
  ① 자기분석, 교육분석
  ② 슈퍼 바이저 지도 · 감독
  ③ 다른 상담사에게 위임

모범 답안

- 역전이이란 상담자가 과거에 중요한 인물에게서 느꼈던 미해결된 감정을
  내담자에게 투사하는 것을 의미한다.
- 역전이가 발생하였을 때 해결책
  ① 자기분석, 교육분석을 통해 자신의 감정의 근원을 알아본다.
  ② 슈퍼 바이저 지도 · 감독을 통해 역전이를 알아차리고 도움을 받는다.
  ③ 다른 상담사에게 위임한다.

....

나만의 정리 답안

- ●
- ●

03 홀랜드(Holland)의 흥미에 관한 유형 6가지를 쓰시오. (6점)

- ●
- ●
- ●
- ●
- ●
- ●

....

문제 핵심 용어

1. 홀랜드 흥미 유형 6가지

정답 핵심 용어 : 현 탐 예 사 진 관

참고 사항 : '쓰시오'는 단답형으로 '쓰고 설명하시오' 일 때는 간략한 설명 덧붙이기

....

심플 답안

• 현실형, 탐구형, 예술형, 사회형, 진취형, 관습형

참고 사항 답안

• 현실형 : 기계, 도구의 체계적 조작활동을 좋아하나 사회적 기술은 부족하다.
　　　　　 대표직업은 기술자, 트럭운전사 등이 있다.
• 탐구형 : 분석적이고 조직적이며 정확한 반면 리더쉽이 부족하다.
　　　　　 대표적 직업은 의사, 과학자 등이 있다.
• 예술형 : 표현이 풍부하고 독창적이나 규범적 기술은 부족하다.
　　　　　 대표직업은 예술가, 작가 등이 있다.
• 사회형 : 다른 사람과 함께 일하거나 사람을 돕는 일을 즐긴다.
　　　　　 반면 질서정연하고 조직적인 활동을 싫어하며, 기계적인 능력이 부족하다.
　　　　　 대표적 직업은 교육자, 상담가 등이 있다.
• 진취형 : 목표를 달성하기 위하여 조직원을 관리 · 통제하는 활동을 즐기며
　　　　　 리더십이 있으나 분석적이고 과학적 능력은 부족하다.
　　　　　 대표적 직업은 경영자, 정치가 등이 있다.
• 관습형 : 체계적으로 자료를 잘 처리하고, 기록 정리에 뛰어나나
　　　　　 심미적 활동은 싫어한다.
　　　　　 대표적 직업은 은행원, 사서 등이 있다.

....

-

-

-

-

-

-

04 스피어만(Spearman)의 지능에 관한 2요인을 쓰고 설명하시오 (4점)

- ●
- ●

문제 핵심 용어

1. 스피어만의 지능 2요인
정답 핵심 용어 : 일반지능, 특수지능

심플 답안

- 일반 지능(g 요인)
  : 모든 인지적 과제에서 공통적으로 작용하는 지능 요소
   논리적 사고, 문제 해결, 학습 능력 등 다양한 지적 활동에서 중요한 역할
- 특수 지능(s 요인)
  : 각각의 특정 과제에서만 작용하는 개별적인 능력
   특정한 영역에서의 능력과 성취를 결정

모범 답안

- 일반지능요인
  : 검사들 간의 정적 상관의 공통부분을 설명하는 것으로,
   여러 가지 다양한 지적 과제를 해결하는데 고르게 관여하는 일반적인 능력이다.
- 특수지능요인
  : 특정 과제나 상황을 해결하는 데에만 주로 활용되는 특수 능력으로
   수리적 추리, 언어적 추리, 기억 등의 특수능력을 말한다.

나만의 정리 답안

- ●
- ●

05 한국표준산업분류에서 산업분류 적용 원칙 4가지를 쓰시오 (8점)

-
-
-
-

심플 & 모범 답안

- 생산단위는 산출물 뿐만 아니라 투입물과 생산 공정 등을 함께 고려한다.
- 복합적인 활동 단위는 우선적으로 대분류를 정확히 결정하고,
  순차적으로 중 · 소 · 세 · 세세분류 단계 항목을 결정한다.
- 산업활동이 결합되어 있는 경우 그 활동단위의 주된 활동에 따라 분류한다.
- 공식적 생산물과 비공식적 생산물, 합법적 생산물과 불법적인 생산물을
  달리 분류하지 않는다.

나만의 정리 답안

-
-
-
-

06 직업상담의 목적 5가지를 설명하시오 (5점)

- ●
- ●
- ●
- ●
- ●

1. 직업상담의 목적
참고 사항 : 꼭 정해진 답이 아님으로 기억이 나지 않을 때는 빈칸으로 두지 않으며
　　　　　　 내담자에게 도움이 될 수 있는 사항을 작성

심플 답안

- 직업목표를 명확히 한다.
- 올바른 진로계획을 수립하게 한다.
- 합리적인 의사결정 능력을 증진 시킨다.
- 성숙한 직업의식을 확립하게 한다.
- 내담자의 성장과 능력을 향상하게 한다.

모범 답안

- 직업문제 인식 : 상담자는 내담자가 자신의 직업문제를 인식하도록 돕는다.
- 자아개념 구체화 : 상담자는 내담자의 자아개념이 구체화되도록 돕는다.
- 의사결정 : 내담자의 의사결정능력이 향상되도록 돕는다.
- 직업의식 형성 : 직업의식이 형성되도록 돕는다.
- 위기관리능력 : 내담자의 위기관리 능력이 향상되도록 돕는다.

나만의 정리 답안

- ●
- ●
- ●
- ●
- ●

07 최저임금제의 기대 효과 5가지를 쓰시오. (5점)

- ●
- ●
- ●
- ●
- ●

문제 핵심 용어

1. 최저임금제의 기대 효과
2. 최저임금제의 장점

정답 핵심 용어 : 경산 노소 공정 + 2차 복지
        ('최저임금 받는 경산 노조는 공정하다'로 생각)
참고 사항 : '5가지 쓰시오'부터 최대 '7가지 기술하시오'로도 출제
        ('최저임금받는 받는 경산 노조는 공정하다 이것이 2차 복지')

심플 답안

- 경기 활성화
- 산업구조의 고도화
- 노사간의 분규 방지
- 소득분배의 개선
- 공정경쟁 확보

모범 답안

- 경기 활성화 기여
- 산업구조의 고도화
- 노사간의 분규 방지로 인한 산업평화 유지
- 소득분배의 개선
- 공정경쟁 및 공정거래질서 확보

기타 답안

- 2차 노동시장(여성근로자, 고령자, 청소년 근로자 등) 보호
- 복지 국가 실현

나만의 정리 답안

-
-
-
-
-

- ●

- ●

- ●

1. 브레이필드
정답 핵심 용어 : 정 재 동
참고 사항 : '3가지 쓰시오'일 경우 단답형으로 작성

심플 답안

- 정보적 기능
  : 직업 정보 제공를 통해 내담자의 직업선택에 대한 지식을 증가시킨다.
- 재조정 기능
  : 직업선택에 환상을 버리고 냉철한 현실검증을 하도록 한다.
- 동기화 기능
  : 내담자가 의사결정 과정에 적극 참여하도록 동기화 시킨다.

모범 답안

- 정보적 기능
  : 직업 정보 제공를 통해 내담자의 의사결정능력을 돕고
    직업선택에 대한 지식을 증가시킨다.
- 재조정 기능
  : 직업 정보를 받아 내담자는 직업선택에 대한 환상을 버리고
    자신의 선택에 대한 현실검증을 하도록 한다.
- 동기화 기능
  : 내담자가 의사결정 과정에 적극 참여하도록 동기화 시킨다.

나만의 정리 답안

- ●

- ●

- ●

09 해당 사례의 내담자를 보고 각 물음에 답하시오. (10점)

저는 어릴 때부터 모범생이었으며 항상 부모님을 실망시키지 않았습니다. 대학교도 우수한 성적으로 졸업 했고 부모님 뿐만 아니라 친척들도 저에게 많은 기대를 하고 있습니다. 제게 좋은 직업을 갖고 내노라 하는 직장에 취업할 수 있다고 믿고 있습니다. 저의 형제들은 저보다 공부도 잘 하지 못했고 좋은 대학도 나오지 못해 부모님은 항상 제가 기쁘게 해드릴 수 있다고 생각합니다. 대학도 부모님의 의견을 존중했고 부모님을 실망시켜 드리고 싶지 않아 취업준비도 열심히 했습니다. 하지만 아무리 노력해도 취업이 마음처럼 되지 않습니다. 이번에 Y회사에 이력서를 냈는데 불합격 될까봐 걱정입니다. 게다가 이번이 유명한 기업 채용공고 마지막이기에 이번에 실패하게 된다고 생각하면 숨이 막힐 것 같습니다. 어떻게는 유명한 Y회사에 취업을 하려고 하니 하루하루 생활하는 것이 힘이 듭니다.

1) 위 사례의 내담자를 진단하고 필요한 상담기법을 쓰시오.

●

2) 상담 단계에 따른 각 치료단계(5단계)의 상담내용 기록 하시오.

●

3) 내담자에게 나타날 수 있는 문제 상황 6가지를 예측하여 작성 하시오

●

....

정답 핵심 용어

1. REBT 상담기법 적용
참고 사항 : 진단과 나타날 수 있는 문제 상황은 관련된 무엇이든 작성

....

심플 답안

1) 위 사례의 내담자를 진단하고 필요한 상담기법을 쓰시오.
- 내담자는 좋은 회사에 꼭 취업해야 한다는 강박적인 사고에 빠져 있다.
  이 내담자에게는 Ellis의 합리적· 정서적 상담기법을 사용해야 한다.
2) 상담 단계에 따른 각 치료단계(5단계) 상담내용 기록 하시오.
- A(선행사건) : 내담자는 Y회사에 입사지원을 했다.
- B(비합리적인 신념) : 반드시 Y회사에 입사해야 한다.
  그렇지 못하면 부모님이 크게 실망하실 것이다.
- C(결과) : 숨이 막히고, 하루하루 생활이 힘들다.
- D(논박) : 취업을 하지 못했다고 부모님이 실망한다는 근거가 무엇인가?
  원하는 회사에 입사 실패한 사람들은 모두 불행한가? 등의
  내담자의 비합리적 신념에 대해 논박을 실시한다.

• E(효과): Y회사 입사 실패 시 내 기분은 나쁘고,
　　　　　　　다른 사람들은 실망할 수 있지만
　　　　　　　좀 더 준비해서 다른 회사나 더 좋은 회사에 취업을 준비하면 될 것이다.
　　　　　　　마음의 안정감과 '다시 할 수 있다'는 도전감이 생기며 합리적 신념을 형성하는 효과가 나타난다.
3) 내담자에게 나타날 수 있는 문제 상황 6가지를 예측 하시오.
　　• 스트레스, 불안, 초조, 우울, 긴장, 불안, 무기력 등

모범 답안

1) 위 사례의 내담자를 진단하고 필요한 상담기법을 쓰시오.
　　• 내담자는 좋은 회사에 꼭 취업해야 한다는 강박적인 사고와
　　　취업에 실패하면 인생이 실패하는 것이라는 비합리적 사고에 빠져 있다.
　　　이 내담자에게는 Ellis의 합리적· 정서적 상담기법을 사용해야 한다.
2) 상담 단계에 따른 각 치료단계(5단계) 상담내용 기록 하시오.
　　• A(선행사건) : 내담자는 Y회사에 입사지원을 했다.
　　• B(비합리적인 신념) : 반드시 Y회사에 입사해야 한다.
　　　　　　　　　　　　그렇지 못하면 부모님이 크게 실망하실 것이다.
　　• C(결과) : 숨이 막히고, 하루하루 생활이 힘들다.
　　• D(논박) : 취업을 하지 못했다고 부모님이 실망한다는 근거가 무엇인가?
　　　　　　　원하는 회사에 입사 실패한 사람들은 모두 불행한가? 등의
　　　　　　　내담자의 비합리적 신념에 대해 논박을 실시한다.
　　• E(효과): Y회사 입사 실패 시 내 기분은 나쁘고,
　　　　　　　다른 사람들은 실망할 수 있지만
　　　　　　　좀 더 준비해서 다른 회사나 더 좋은 회사에 취업을 준비하면 될 것이다.
　　　　　　　마음의 안정감과 '다시 할 수 있다'는 도전감이 생기며 합리적 신념을 형성하는 효과가 나타난다.
3) 내담자에게 나타날 수 있는 문제 상황 6가지를 예측 하시오.
　　• 실업에 의한 스트레스, 불안감과 우울감, 긴장
　　　좌절감 및 무기력, 자아존중감 저하, 삶의 만족도 저하 등

나만의 정리 답안

　　●

　　●

　　●

10 검사-재검사 신뢰도 단점 4가지를 쓰시오.

(4점)

- ●

- ●

- ●

- ●

....

문제 핵심 용어

1. 검사-재검사 신뢰도의 단점

정답 핵심 용어 : 역사 기억 환경 성숙 태도

　　　　　　'역사 기억할 때 환경 이기고 성숙한 태도가 형성'

....

심플 & 모범 답안

- 기억요인효과 : 처음 측정이 재검사 점수에 영향을 미친다.
　　　　　　　검사요인효과, 이월효과, 연습효과라고도 불린다.
- 성숙요인효과: 측정간격이 길 때 조사대상의 특성이 변할 수 있다.
- 역사요인효과: 측정기간 중에 발생한 사건의 영향을 받을 수 있다.
- 검사태도 및 동기의 변화가 변화하여 영향을 미칠 수 있다.

기타 답안

- 물리적 환경의 변화가 재검사 점수에 영향을 미친다.

....

나만의 정리 답안

- ●

- ●

- ●

- ●

11 공공직업정보의 특성 4가지를 쓰시오. (4점)

- ●
- ●
- ●
- ●

1. 공공직업정보의 특성
정답 핵심 용어 : 자객제포 한지 유료 무료
참고 사항 : '공공직업정보와 민간직업정보의 특징 3가지씩 쓰시오'로도 출제

심플 답안

- 직업의 구분이 객관적 기준에 따라 구분된다.
- 직업정보의 범위가 특정 분야에 국한되지 않고 포괄적이다.
- 정보 제공이 지속적이다.
- 비용이 무료이다.

모범 답안

- 직업의 구분이 객관적 기준에 따라 구분된다.
- 직업정보의 범위가 특정 분야에 국한되지 않고 포괄적이다.
- 정보 제공이 특정한 시기에 국한되지 않고 지속적이다.
- 비용이 무료이다.

참고 사항 답안

- 공공직업정보는 객관적 기준에 따라 구분되나
  민간직업정보는 자의적 기준에 따라 구분된다.
- 공공직업정보는 정보의 범위가 전체산업으로 포괄적이나
  민간직업정보는 특정한 목적에 맞게 제한적이다.
- 공공직업정보는 무료로 제공되나 민간직업정보는 유료로 제공된다.

나만의 정리 답안

- ●
- ●
- ●
- ●

12 실업률을 계산하여 계산과정과 답을 쓰시오. (단, 소수점 둘째자리에서 반올림) (4점)

• 15세 이상인구 : 35,986천명   • 비경제활동인구 : 14,716천명   • 취업자 : 20,148천명

●

....

문제 핵심 용어

실업률

정답 핵심 용어 : 실업률 $= \dfrac{\text{실업자}}{\text{경제활동인구}} \times 100$

참고 사항

생산 가능 인구
(15세 이상 인구)
35,986천명
├─ 경제활동인구
(   )명
│   ├─ 취업자
│   20,148천명
│   └─ 실업자
│   (   )명
└─ 비경제활동인구
14,716천명

....

심플 & 모범 답안

• 경제활동인구 = 15세 이상 인구 – 비경제활동인구
      = 35,986천명 – 14,716천명 = 21,270천명

• 실업자수 = 경제활동인구 – 취업자 수
      = 21,270천명 – 20,148천명 = 1,122천명

생산 가능 인구
(15세 이상 인구)
35,986천명
├─ 경제활동인구
21,270천명
│   ├─ 취업자
│   20,148천명
│   └─ 실업자
│   1,122천명
└─ 비경제활동인구
14,716천명

$\therefore$ 실업률 $= \dfrac{\text{실업자}}{\text{경제활동인구}} \times 100$

$= \dfrac{1,122\text{천명}}{21,2770\text{천명}} \times 100 = 5.3\%$

....

●

13 행동주의 불안감소기법과 학습촉진기법을 각각 3가지씩 쓰시오. (6점)

- ●

- ●

문제 핵심 용어

1. 불안감소기법과 학습촉진기법

정답 핵심 용어 : 체주홍 강대리변별 (체주홍과 강대리는 변별)

참고 사항 : 학습촉진기법은 '3가지 쓰고 설명하시오'로도 출제

불안감소기법은 '3가지 쓰시오'로 출제

대신 체계적 둔감법을 별도로 '의미와 단계를 설명하시오'로 출제

심플 & 모범 답안

- 불안감소기법
  ① 체계적 둔감법   ② 주장훈련   ③ 홍수법
- 학습촉진기법
  ① 강화   ② 대리학습   ③ 변별학습

참고 사항 답안

- 학습촉진기법
  ① 강화 : 내담자의 행동에 대하여 긍정적 또는 부정적 반응을 보임으로서 내담자의 바람직한 행동의 빈도를 높인다.
  ② 대리학습 : 다른 사람들의 행동에 대해 관찰·모방하여 학습하도록 한다.
  ③ 변별학습 : 검사도구들을 사용하여 자신의 능력과 태도 등을 변별하고 비교하여 학습하도록 한다.
- 불안감소기법
  ① 의미 : 불안을 감소시키는 행동주의의 대표적인 기법이다.
  ② 단계 : 1단계 근육이완훈련
              - 근육이완훈련으로 몸의 긴장을 풀도록 한다.
          2단계 불안위계목록 작성
              - 불안을 일으키는 자극들 중 불안을 가장 약하게 일으키는 것부터 시작하여
                강하게 일으키는 것으로 순서대로 작성한다.
          3단계 체계적 둔감화
              - 내담자로 하여금 이완된 상태에서 불안을 일으키는 장면을 상상하도록 유도하여
                불안 위계표에 따른 불안반응을 점차적으로 경감 혹은 제거 해 나간다.

나만의 정리 답안

- ●

- ●

빈출문제였으나 1차 출제기준에서 제외된 부분으로 2차에서 나올 가능성이 낮음

14 의사교류분석 상담의 제한점 3가지를 쓰시오. (6점)

-
-
-

....

문제 핵심 용어

1. 의사교류분석
정답 핵심 용어 : 과학은 추상적이라 어려움

....

심플 답안

- 이론이 과학적으로 검증 되어있지 않다.
- 용어가 어려워서 지적 능력이 낮은 내담자에게 적합하지 않다.
- 추상적인 개념이 많아 실용성이 낮다.

모범 답안

- 교류분석 상담의 주요개념은 과학적 증거가 제시되었다고 보기 어렵다.
- 교류분석 상담은 인지적 명확성이 요구되므로,
  지적능력이 낮은 내담자에게는 부적합할 수 있다.
- 교류분석의 주요개념이 추상적이어서 실제 적용에 어려움이 많다.

....

나만의 정리 답안

-
-
-

15 아래 내용을 읽고 ㄱ, ㄴ, ㄷ에 해당하는 용어를 순서대로 쓰시오. (6점)

- (ㄱ)는 검사의 각 문항을 주의 깊게 검토하여 그 문항이 검사에서 측정하고자 하는 것을 재는지 여부를 결정하는 것이다. 이것은 그 분야의 자격을 갖춘 사람들에 의해 판단된다.
- (ㄴ)의 유형으로는 동시타당도와 예언타당도가 있다.
- (ㄷ)는 조작적으로 정의되지 않은 인간의 심리적인 특성이나 성질을 심리적 구인으로 분석하여 조작적 정의를 부여한 후 검사 점수가 이러한 심리적 구인으로 구성되어 있는가를 검정하는 방법이다.

-
-
-

....

문제 핵심 용어

1. ㄱ = 그 분야의 자격을 갖춘 사람들에 의해 판단
2. ㄴ = 동시타당도와 예언타당도
3. ㄷ = 심리적 구인으로 구성
참고 사항 : '준거타당도의 종류를 쓰고 설명하시오'의 문제로도 출제

....

심플 & 모범 답안

- ㄱ : 내용타당도
- ㄴ : 준거타당도
- ㄷ : 구성타당도(개념타당도)

....

나만의 정리 답안

-
-
-

16 일반직업적성검사(GATB)의 내용을 3가지 쓰고 설명하시오. (6점)

-
-
-

심플 답안

- 지능 : 일반적인 학습능력 및 원리를 이해하는 능력이다.
- 언어능력 : 언어의 뜻과 개념을 이해하고 사용하는 능력이다.
- 수리능력 : 신속·정확하게 계산하는 능력이다.

모범 답안

- 지능 : 일반적인 학습능력 및 새로운 환경에 빨리 순응하는 능력이다.
- 언어능력 : 언어의 뜻과 개념을 이해하고 사용하는 능력으로
  어휘 검사를 통해 측정된다.
- 수리능력 : 신속·정확하게 계산하는 능력으로
  산수추리 검사를 통해 측정이 가능하다.

나만의 정리 답안

-
-
-

17 프로이드의 방어기제 3가지를 쓰고 설명하시오. (6점)

●

●

●

문제 핵심 용어

1. 프로이드 방어기제

정답 핵심 용어 : 억압, 합리화, 투사, 퇴행, 전위, 반동형성, 승화, 주지화

참고 사항 : '5가지 쓰시오', '5가지 쓰고 설명하시오'로도 출제

심플 답안

• 억압 : 의식하는 현실이 너무 고통스러워 무의식 속으로 억눌러 버리는 것을 의미

• 투사 : 자신의 심리적 속성이 타인에게 있는 것처럼 생각하고 행동하는 것

• 합리화 : 실망을 주는 현실도피를 위해 그럴듯한 구실을 붙이는 것을 의미

• 퇴행 : 이전 발달단계로 후퇴하는 행동을 하는 것

• 전위(전치) : 화풀이로 자신의 불편한 감정을 다른 대상에게 푸는 것

• 반동형성: 내면의 욕구와 정 반대로 행동하는 것을 의미

모범 답안

• 억압 : 의식하는 현실이 너무 고통스러워 무의식 속으로 억눌러 버리는 것으로
　　　　부분적 기억상실등이 나타나는 것을 의미한다.

• 투사 : 자기가 화가 난 것은 생각지 않고,
　　　　상대방이 자기에게 화를 냈다고 생각하는 것처럼
　　　　자신의 심리적 속성이 타인에게 있는 것처럼 생각하고 행동하는 것이다.

• 합리화 : 여우와 신포도의 이솝우화의 여우처럼 자신의 행동에
　　　　　그럴듯한 구실을 붙이는 것을 의미한다.

• 퇴행 : 동생이 태어나면 형이 다시 어리광을 부리거나 대소변 실수를 하는 것처럼
　　　　이전 발달단계로 한 단계 후퇴하는 행동을 보이는 것을 의미한다.

• 전위(전치) : 부부싸움 후 아이에게 화풀이 하는 행동으로
　　　　　　같은 욕구를 다른 대상에게 해소하는 것을 의미한다.

• 반동형성 : 미운 놈 떡 하나 더 준다는 속담처럼
　　　　　내면의 욕구와 정 반대로 행동하는 것을 의미한다.

나만의 정리 답안

●

●

●

18 한국표준직업분류상 다수 직업 종사자의 의미와 직업을 결정하는 일반원칙을 쓰고 설명하시오. (6점)

-

-

....

....

심플 & 모범 답안

- 다수직업종사자의 의미
  : 한 사람이 전혀 다른 두 가지 이상의 직업에 종사하는 사람을 말한다.
- 다수직업종사자의 직업결정의 일반적 원칙
  ① 시간우선 원칙
    : 다수직업 발생 시 시간우선원칙에 따라 시간이 많은 직업으로 결정한다.
  ② 수입우선 원칙
    : 취업시간으로 직업을 결정 못할 경우 수입이 많은 직업으로 결정한다.
  ③ 조사 시 최근의 직업우선 원칙
    : 수입이 많은 직업으로도 직업을 결정하지 못할 경우에는
      조사 시 최근의 직업활동에 따라 결정한다.

....

나만의 정리 답안

-

-

2022년 | 2회 기출

빈출문제였으나 1차 출제기준에서 제외된 부분으로 2차에서 나올 가능성이 낮음

01 직무분석 방법 중 결정적 사건법의 단점을 3가지 쓰시오. (4점)

-

-

-

···

문제 핵심 용어

1. 결정적 사건법
정답 핵심 용어 : 많은 시간과 노력, 포괄적 정보. 주관적

···

심플 & 모범 답안

- 많은 시간과 노력이 요구된다.
- 포괄적 정보의 획득에 한계가 있다.
- 주관적이며, 서술의 왜곡가능성이 있다.

···

나만의 정리 답안

-

-

-

02 한국 표준직업분류에서 직업으로 보지 않는 활동 6가지를 쓰시오. (6점)

-
-
-
-
-
-

....

문제 핵심 용어

1. 직업으로 인정되지 않는 활동
정답 핵심 용어 : 이연경 예가 수도시 학사
참고사항 : '속박된 상태에서의 제반 활동'에 속하는 경우를 별도로 출제

....

심플 답안

- 이자, 주식 등과 같은 자산수입이 있는 경우
- 연금법 등 사회보장에 의한 수입이 있는 경우
- 경마, 경륜 등에 의한 배당금이나 주식투자에 의한 시세차익이 있는 경우
- 예 · 적금 인출과 같이 금융자산을 매각하여 수입이 있는 경우
- 자기 집의 가사활동에 전념하는 경우
- 수형자의 활동과 같이 법률에 의한 강제 노동을 하는 경우

기타 답안

- 도박, 강도, 절도와 같은 불법적인 활동을 하는 경우
- 교육기관에서 재학하며 학습에만 전념하는 경우
- 사회복지시설 수용자의 시설 내 경제활동을 하는 경우

참고사항 답안

- 수형자의 활동과 같이 법률에 의한 강제 노동을 하는 경우
- 사회복지시설 수용자의 시설 내 경제활동을 하는 경우

....

나만의 정리 답안

-
-
-
-
-
-

03 벡의 인지치료에서 인지적 오류의 유형 4가지를 쓰시오. (4점)

-
-
-
-

나만의 정리 답안

-
-
-
-

04 부정적인 심리검사 결과가 나온 내담자에게 검사 결과를 통보하는 방법 4가지를 쓰시오. (4점)

- ●

- ●

- ●

- ●

문제 핵심 용어

1. 부정적 심리검사 결과
2. 검사 결과를 통보하는 방법
정답 핵심 용어 : 충격 방어 비밀보장 기계
참고 사항 : 기억이 나지 않으면 일단 인문학적으로 작성하는 문제에 해당

심플 답안

- 내담자가 충격을 받지 않도록 유의한다.
- 내담자의 방어를 최소화하기 위해 해석의 기회를 갖는다.
- 타인에게 부정적인 결과가 노출되지 않도록 비밀보장에 유의한다.
- 내담자에게 기계적으로 전달하지 않으며 적절한 해석을 담은 설명한 함께 전달한다.

기타 답안

- 심리결과에 대해 내담자가 이해하기 쉬운 언어를 사용한다.

나만의 정리 답안

- ●

- ●

- ●

- ●

05 노동수요 Ld = 5,000 - 2W이고, 1시간당 임금이 W = 2,000원일 때 노동수요의 임금 탄력성의 절댓값과 근로자의 수입이 얼마인지 계산하시오.

(구점)

●

●

문제 핵심 용어

1. 노동수요의 임금탄력성
2. 근로자의 수입

정답 핵심 용어 : 위 노동수임

참고 사항 : 노동수요의 임금탄력성 $= \dfrac{\text{노동수요량의 변화율}}{\text{임금의 변화율}}$

근로자의 수입 = 임금×노동시간(노동공급량)

심플 & 모범 답안

1) 노동수요의 임금탄력성 절대값

• 노동수요 Ld = 5,000 - 2W, 임금 W = 2,000

  노동수요 = 5,000 - (2 × 2,000) = 1,000

  변화 임금이 1,000원으로 가정후 계산 : 변화 후 노동수요 = 5,000 - (2 × 1000) = 3,000

• 노동수요의 임금탄력성 $= \dfrac{\text{노동수요량의 변화율}}{\text{임금의 변화율}}$

  ⇨ 노동수요량의 변화율 $= \dfrac{\text{노동수요량의 변동분}}{\text{원래의 노동수요량}} = \dfrac{3,000 - 1,000}{1,000} \times 100 = 200\%$

  ⇨ 임금의 변화율 $= \dfrac{\text{임금의 변동분}}{\text{원래의 임금}} = \dfrac{1,000 - 2,000}{2,000} \times 100 = 50\%$

  ∴ 노동수요 임금탄력성 $= \dfrac{\text{노동수요량의 변화율}}{\text{임금의 변화율}} = \dfrac{200\%}{50\%} = 4$

2) 근로자의 수입

• 근로자의 수입 = 임금×노동시간(노동공급량)

  2,000 × 1,000 = 2,000,000원

cf) 참고

  노동시간(노동공급량)은 노동수요량과 동일하다.

  ∴ 노동수요량 = 5,000 - (2×2,000) = 1,000

나만의 정리 답안

-

-

06 한국표준산업분류 개요 중 산업과 산업활동의 정의 및 산업활동의 범위를 설명하시오. (8점)

- ●
- ●
- ●

....

1. 산업과 산업활동의 정의, 산업활동의 범위

정답 핵심 용어 : 유사한 성질, 생산단위의 집합, 가사내 활동

참고 사항 : '산업, 산업활동'나 '산업활동의 범위, 통계단위'의 정의를 요구하는 문제로도 출제

....

- 산업 : 유사한 성질을 갖는 산업 활동에 주로 종사하는 생산단위의 집합이다.
- 산업활동 : 유사한 성질을 갖는 생산단위의 집합체가 재화 또는 서비스를
  생산 · 제공하는 활동이다.
- 산업활동의 범위 : 영리적 · 비영리적 활동이 모두 포함되나
  가정 내의 가사 활동은 제외된다.

- 통계단위 : 생산단위의 활동에 관한 통계작성을 위하여 필요한 정보를 수집
  또는 분석할 대상이 되는 관찰 또는 분석 단위를 말한다.

....

- ●
- ●
- ●

07 심리검사의 사용 목적 3가지를 쓰고 설명하시오. (6점)

- ●
- ●
- ●

....

문제 핵심 용어

1. 심리검사의 사용 목적
정답 핵심 용어 : 진 자 예측
참고 사항 : '심리검사 사용의 윤리적 문제'와는 별개로 답안 작성시 주의

....

심플 & 모범 답안

- 진단 및 분류 : 다각적으로 측정된 한 개인의 행동에 대한 문제와 원인을 파악할 수 있다.
- 자기 이해의 증진 : 내담자에게 과학적이고 객관적인 검사결과를 제시하여
　　　　　　　　자신에 대한 올바른 이해를 돕고 합리적인 의사결정을 하도록 돕는다.
- 예측 : 한 개인의 특성을 밝히고, 미래의 행위와 성취 정도를 예측하고
　　　그에 대한 대안을 마련한다.

....

나만의 정리 답안

- ●
- ●
- ●

08 심리검사에서 준거 타당도 계수의 크기에 영향을 미치는 요인을 3가지만 쓰고, 각각에 대해
설명하시오. (6점)

-
-
-

....

....

심플 답안

- 표집오차
  : 표본이 모집단을 잘 대표할수록 표집오차가 줄어 타당도 계수가 높아진다.
- 준거측정치의 신뢰도
  : 신뢰도와 타당도는 상호상관관계가 있어
    준거측정치의 신뢰도가 높아야 타당도가 높아진다.
- 준거측정치의 타당도
  : 준거의 적절성이 좋아야 하며, 준거 결핍과 준거 오염 등의 준거왜곡으로
    준거타당도가 낮아진다.

모범 답안

- 표집오차
  : 모집단을 표집할 때 표집틀을 잘 구성하였는지, 표본의 크기는 적절하였는지,
    표집방법은 적절했는지와 같은 표집오차가 타당도 계수에 영향을 미친다.
- 준거측정치의 신뢰도와 타당도
  : 신뢰도와 타당도는 상호상관관계가 있어
    준거측정치의 신뢰도가 높아야 준거타당도가 높아지고,
    준거결핍과 준거 오염 등이 있으면 준거타당도가 낮아진다.
- 범위의 제한: 범위를 제한시키면 타당도 계수 또한 낮아지게 된다.

....

나만의 정리 답안

-
-
-

09 한국직업사전의 부가 직업정보 중 직무기능은 자료, 사람, 사물과 연관된 특성을 나타낸다. 사람과 관련된 세부영역 5가지를 쓰시오. (단, 수준에 해당하는 숫자는 기재할 필요 없음.) (5점)

- ●
- ●
- ●
- ●
- ●

....

문제 핵심 용어

1. 부가직업정보의 직무기능 '자료 사람 사물'
정답 핵심 용어 : 자협교 감독 설득
　　　　　　 - 기본틀 : 종조분 자협교 설정제
참고사항 : 2021년 신출로 매년 출제되고 있음
　　　　　 '자료 사람 사물 빈칸 채우기'로도 출제
　　　　　 - 종조분 수산기교
　　　　　 - 자협교 감독 설득
　　　　　 - 설정제 조작 수동 단순

....

심플 답안

- 자문
- 협의
- 교육
- 감독
- 설득

모범 답안

- 자문
- 협의
- 교육
- 감독
- 설득

참고 답안

- 오락 제공
- 설득
- 말하기-신호
- 서비스제공

....

-
-
-
-
-

10 심리검사 사용의 윤리적 문제와 관련하여 주의하여야 할 사항을 6가지만 쓰시오. (6점)

-
-
-
-
-
-

문제 핵심 용어

1. 심리검사 사용에 대한 윤리강령으로 준수, 주의해야 할 사항

정답 핵심 용어 : 전문가가, 목적에 맞춰, 쉬운 용어로, 과학적 절차에 따라, 해도 시대에 뒤떨어질 수 있다.

참고 사항 : '3가지 또는 6가지 기술하시오'로 출제되며 모두 배점은 6점

답안작성시 검사를 받는 사람을 피검자, 수검자라 함

심플 답안

- 훈련받지 않은 사람이 심리검사를 이용하지 않도록 한다.
- 수검자는 검사의 목적과 본질을 알 권리가 있다.
- 상담자는 심리 검사 사용시 수검자가 이해하기 쉬운 용어로 설명해야 한다.
- 새로운 검사도구를 개발하고 표준화할 때 기존의 과학적 절차를 따라야 한다.
- 평가 결과가 시대에 뒤떨어질 수 있음을 인식해야 한다.
- 심리검사를 실시할 때 신뢰도와 타당도가 높은 검사를 사용해야 한다.

모범 답안

- 적절한 훈련이나 교습을 받은 사람이 심리검사를 실시해야 한다.
- 상담자는 검사의 목적과 본질을 수검자에게 충분히 설명해 주어야 한다.
- 상담자는 심리 검사 사용시 수검자가 이해할 수 있는 용어로 눈높이에 맞추어 설명해야 한다.
- 새로운 기법과 검사도구를 개발하고 표준화할 때 기존의 과학적 절차를 충분히 지켜야 한다.
- 평가 결과가 시대에 뒤떨어질 수 있음을 인정해야 한다.
- 심리검사를 실시할 때 신뢰도와 타당도가 높은 즉 보장된 검사를 사용해야 한다.

-

-

-

-

-

-

11 표준화를 위해 수집된 자료가 정규분포에서 벗어하는 것은 검사도구의 문제보다 표집절차의 오류에 원인이 있을 수 있다. 이를 해결하기 위한 방법 3가지를 쓰고, 각각 설명하시오. (6점)

- ●
- ●
- ●

....

문제 핵심 용어

1. 표집절차의 오류 해결방법

정답 핵심 용어 : 완 절 면 (표집절차 오류로 '완전 평면' 생각)

....

심플 답안

- 완곡법 : 정규분포의 모양과 유사할 때 점수를 가감하여
  정규분포의 모양을 갖추도록 하는 방법을 의미한다.
- 절미법 : 검사 점수가 편포를 이룰 경우 편포의 꼬리를 잘라내는 방법을 의미한다.
- 면적 환산법 : 각 점수들의 백분위를 찾아서
  그 백분위에 해당하는 Z점수를 찾는 방법을 의미한다.

※ 용어 해설
- 편포 : 어느 한쪽으로 치우신 분포

....

나만의 정리 답안

- ●
- ●
- ●

12 겔라트가 제시한 직업 의사 결정의 상담과정 8단계를 순서대로 쓰시오. (6점)

1. 목표의식
2. (   )
3. (   )
4. (   )
5. (   )
6. (   )
7. (   )
8. 평가 및 재투입

-
-
-
-
-
-

문제 핵심 용어

1. 겔라트의 상담과정
정답 핵심 용어 : 목수 대안 결가 가치 의사 평가
참고 사항 : 빈칸없이 '8단계를 쓰시오'의 단답형로도 출제
　　　　　　 각 단계별 부분 점수 있으니 3~4개 정도는 암기 권장

심플 & 모범 답안

- 목표의식
- (정보수집)
- (대안열거)
- (대안의 결과 예측)
- (대안의 실현가능성 예측)
- (가치평가)
- (의사결정)
- 평가 및 재투입

나만의 정리 답안

-
-
-
-
-
-

13 형태주의 상담의 목표 6가지를 쓰시오. (6점)

- ●
- ●
- ●
- ●
- ●
- ●

문제 핵심 용어

1. 형태주의 상담 목표

정답 핵심 용어 : 각 통 책

참고 사항 : '3가지 쓰시오'일 때는 단답형(⇨ 각성, 통합, 책임)으로 작성
　　　　　 '6가지 쓰시오'일 때는 문장형으로 작성

심플 & 모범 답안

- 자각을 통한 성숙한 통합을 이루도록 도와준다.
- 내담자가 자신의 행동에 책임질 수 있도록 돕는다.
- 내담자의 인격이 통합되도록 돕는다. (통합된 기능을 발휘할 수 있도록 돕는다.)
- 내담자가 실존적인 삶을 살도록 한다.
- 증상의 제거보다 미해결 과제를 파악하여 성장하도록 한다.
- 개인의 체험 영역 즉 자기 경계의 확장을 돕는다.

나만의 정리 답안

- ●
- ●
- ●
- ●
- ●
- ●

14 윌리암슨의 직업상담 문제유형 4가지를 쓰고 설명하시오. (4점)

- ●
- ●
- ●
- ●

....

1. 윌리암슨의 직업상담 문제유형

정답 핵심 용어 : 무 불 어 흥

참고 사항 : 윌리암슨, 윌리엄슨, Williamson 모두 동일한 특성-요인 학자

　　　　　　'윌리엄슨이 분류한 내담자의 문제유형을 쓰시오'와 동일

....

심플 & 모범 답안

- 진로 무선택 : 내담자가 진로를 선택하지 않거나 인식조차 없는 상태
- 불확실한 선택 : 자기이해와 직업세계의 이해부족으로 선택에 확신이 없는 경우
- 어리석은 선택 : 자신의 흥미와 적성과 관계없이 현명하지 못한 선택을 하는 경우
- 흥미와 적성의 불일치 : 내담자의 흥미와 적성이 일치하지 않는 경우나
　　　　　　　　　　　　　　모순적인 선택을 하는 경우

....

나만의 정리 답안

- ●
- ●
- ●
- ●

15 인지적, 정서적, 행동적 상담의 기본개념인 ABCDEF의 의미를 쓰시오. (6점)

- ●
- ●
- ●
- ●
- ●
- ●

....

....

심플 답안

- A 선행사건
- B 내담자의 비합리적 신념
- C 결과
- D 논박
- E 효과
- F 새로운 감정

모범 답안

- A 선행사건으로 내담자에게 정서적 혼란을 준 사건
- B 선행사건에 대한 내담자의 비합리적 신념 체계
- C 내담자가 보고하는 정서적·행동적 결과
- D 비합리적 신념에 대한 논리적이고 합리적인 논박
- E 논박을 통한 비합리적 신념이 합리적인 신념으로 대체된 효과
- F 합리적 신념에서 비롯된 긍정적인 새로운 감정

....

나만의 정리 답안

-
-
-
-
-
-

16 직업상담사가 갖추어야 할 자질 5가지를 쓰시오. (5점)

- ●
- ●
- ●
- ●
- ●

....

문제 핵심 용어

1. 직업상담사가 갖추어야 할 일반적 자질
   참고 사항 : '3가지 쓰시오'로도 출제됨
   　　　　　　　직업상담사가 갖추어야 할 일반적 '태도'와 구별
   　　　　　　　cf) 일반적 태도 - 일무공

....

심플 & 모범 답안

- 자기 자신에 대한 이해
- 내담자에 대한 존경심
- 전문적인 심리학적 지식
- 직업 정보 분석 능력
- 공감적 이해력

기타 답안

- 객관적 통찰력

....

나만의 정리 답안

- ●
- ●
- ●
- ●
- ●

17 직업상담에서 내담자 이해를 위한 질적 측정도구 3가지를 쓰고 설명하시오. (6점)

-
-
-

1. 질적 측정도구
정답 핵심 용어 : 생애진로사정, 제노그램, 직업카드분류법
참고 사항 : '3가지 쓰시오' 일 경우 단답형 작성

심플 답안

- 생애진로사정 : 상담초기에 사용하는 구조화된 면담기법으로
  내담자의 다양한 질적 정보를 파악할 수 있다.
- 직업가계도(제노그램) : 가족들의 직업을 도식화하여
  내담자의 집안 가족들의 영향력을 분석 파악할 수 있다.
- 직업카드분류법 : 직업카드를 활용하여 내담자의 선호군, 비선호군의 직업흥미를 분류하고 파악할 수 있다.

모범 답안

- 생애진로사정 : 상담초기에 사용하는 구조화된 면담기법으로
  내담자의 직업경험, 교육수준, 강점과 약점 등의 정보를 수집한다.
- 직업가계도 : 내담자의 직업의식, 선택, 집안 가족들의 영향력을 분석하고,
  가족들의 직업을 도식화한다.
- 직업카드분류법 : 직업카드를 활용하여
  내담자의 선호군, 비선호군의 직업흥미를 분류하고 파악한다.

나만의 정리 답안

-
-
-

18 아래 주어진 표를 보고 다음을 계산하시오. (5점)

구분	15~19세	20~24세	25~29세	30~50세
생산가능인구	3,284	2,650	3,846	22,982
경제활동인구	203	1,305	2,797	17,356
취업자	178	1,181	2,598	16,859
실업자	25	124	199	497
비경제활동인구	3,082	1,346	1,049	5,627

1) 30~50세 고용률(%)를 계산하시오. (단, 소수점 둘째 자리에서 반올림)

●

2) 30~50세 고용률을 29세 이하 고용률과 비교하여 분석하시오.

●

....

문제 핵심 용어

1. 고용률

정답 핵심 용어 : 고용률 = $\dfrac{\text{취업자}}{\text{생산가능인구}}$ × 100

참고 사항 : '29세 이하' 주의

'9세 이하'는 '15~29세'에 해당

∴ 해당하는 표의 수의 합을 계산하여야 함

취업자

경제활동인구

생산 가능 인구

(15세 이상 인구)

실업자

비경제활동인구

....

1) 30~50세 고용률(%)를 계산하시오. (단, 소수점 둘째 자리에서 반올림)

ㆍ고용률(%) = $\dfrac{\text{취업자 수}}{\text{만 15세 이상 인구(생산가능인구)}} \times 100$

$= \dfrac{16,859 \text{ 천명}}{22,982 \text{ 천명}} \times 100$

$= 73.4\%$

2) 30~50세 고용률을 29세 이하 고용률과 비교하여 분석하시오.

ㆍ29세 이하의 고용률(%) = $\dfrac{178 \text{ 천명} + 1,181 \text{ 천명} + 2,598 \text{ 천명}}{3,284 \text{ 천명} + 2,650 \text{ 천명} + 3,846 \text{ 천명}} \times 100$

$= \dfrac{3,957 \text{ 천명}}{9,780 \text{ 천명}} \times 100$

$= 40.5\%$

① 29세 이하의 고용률 40.5%가 30~50대의 고용률 73.4%보다 현저하게 낮다.

　이는 취업 29세 이하의 사람들은 취업준비자가 많고 이들이 비경제활동 인구로 분류되어 고용률을 낮추는 요인이 된다.

② 30~50대 고용률이 29세 이하의 고용률보다 현저히 높기 때문에 경제활동이 더 활발하다는 것을 의미한다.

．．

●

●

01 부처가 제시한 집단직업상담 3단계를 쓰고 설명하시오. (6점)

-
-
-

---

1. 부처의 3단계
정답 핵심 용어 : 부처가 '탐전행' 타고 인도간다.
참고 사항 : '3가지 쓰시오' 일 경우 단답형 작성
          '탐색단계의 활동 4가지를 작성하시오'로 출제되는 문제가 있음으로
          탐색단계 활동은 이 문제에서 암기 권유

심플 답안

- 탐색단계 : 자기개방, 흥미와 적성에 대한 탐색, 탐색결과에 대한 피드백,
          흥미와 적성의 불일치의 해결 등이 이루어지는 단계이다.
- 전환단계 : 자기 지식을 직업세계와 연결하고, 자신의 가치와 피드백 간의 불일치를 해결하는 단계이다.
- 행동단계 : 목표설정을 하고 목표달성을 촉진하기 위해 행동으로 옮기는 단계이다.

모범 답안

- 탐색단계 : 자기개방, 흥미와 적성에 대한 탐색, 탐색결과에 대한 피드백,
          흥미와 적성의 불일치의 해결 등이 이루어지는 단계이다.
- 전환단계 : 자기 지식을 직업세계와 연결하고,
          자신의 가치와 피드백 간의 불일치를 해결하는 단계이다.
- 행동단계 : 목표설정을 하고 즉각적 및 장기적 의사결정을 하며,
          목표달성을 촉진하기 위해 행동으로 옮기는 단계이다.

나만의 정리 답안

-
-
-

2022년 | 3회 기출

02 자기보고식 검사(객관식 검사) 장점 5가지를 쓰시오. (5점)

-
-
-
-
-

문제 핵심 용어

1. 자기보고식 검사
참고 사항 : 객관적인 장점과 더불어 투사적 검사의 단점 보완을 작성하여도 가능

심플 & 모범 답안

- 시행, 채점, 해석이 간단하다.
- 신뢰도와 타당도가 높다.
- 시행 시간이 짧다.
- 비용 측면에서 경제적이다.
- 전문적인 검사자가 필요하지 않다.

기타 답안

- 검사 실시가 간편하다.
- 검사의 객관성이 보장되어 있다.
- 부적합한 응답을 최소화 할 수 있다.

나만의 정리 답안

-
-
-
-
-

03 한국표준산업에서 생산단위의 활동형태 주된산업활동, 부차적 산업활동, 보조적 산업활동을 설명하시오. (6점)

- ●
- ●
- ●

....

문제 핵심 용어

1. 주된 산업활동, 부차적 산업활동, 보조적 산업활동
정답 핵심 용어 : 주된산업활동 - 부가가치액, 부차적 - 재화 생산 및 서비스
참고 사항 : 한국표준산업활동에서의 정의로 있는 암기 문제

....

심플 답안

• 주된 산업 활동
 : 생산된 재화 또는 제공된 서비스 중에서 부가가치(액)가 가장 큰 활동이다.
• 부차적 산업 활동 : 주된 산업 활동 이외의 재화 생산 및 서비스 제공 활동이다.
• 보조적 산업활동 : 주된 산업활동과 부차적 산업활동을 지원하는 활동이다.

모범 답안

• 주된 산업 활동
 : 산업 활동이 복합 형태로 이루어질 경우 생산된 재화 또는 제공된 서비스 중에서
   부가가치(액)가 가장 큰 활동이다.
• 부차적 산업 활동 : 주된 산업 활동 이외의 재화생산 및 서비스 제공 활동이다.
• 보조적 산업활동 : 주된산업활동과 부차적 산업활동을 지원하는 활동으로
                 회계, 창고, 운송, 구매 등이 포함된다.

....

나만의 정리 답안

- ●
- ●
- ●

04 크롬볼츠의 사회학습이론 중 진로선택에 영향을 주는 요인 4가지를 쓰시오. (4점)

- ●
- ●
- ●
- ●

....

1. 사회학습이론의 진로선택에 영향을 주는 요인 4가지
정답 핵심 용어 : 유 환 학 과
참고 사항 : '쓰시오'로 단답형으로 작성하여도 정답

....

심플 답안

- 유전적 요인과 특별한 능력
- 환경조건과 사건
- 학습경험
- 과제접근기술

모범 답안

- 유전적 요인과 특별한 능력 : 개인의 진로기회에 영향을 주는 타고난 특징이다.
- 환경조건과 사건 : 환경적 상황과 여러 가지 사건들은 진로선택에 영향을 준다.
- 학습경험 : 개인의 강화에 의한 도구적 학습경험을 강조한다.
- 과제접근기술 : 문제해결기술, 작업습관 등의 문제들을 다루는 기술을 의미한다.

....

나만의 정리 답안

- ●
- ●
- ●
- ●

05 한국표준직업분류 중 포괄적인 업무의 원칙과 다수직업종사자의 원칙을 3가지씩 쓰시오. (6점)

-

-

심플 & 모범 답안

- 포괄적인 업무원칙
  ① 주된 직무우선의 원칙
  ② 최상급 직능우선의 원칙
  ③ 생산업무 우선의 원칙
- 다수직업종사자의 원칙
  ① 시간우선 원칙
  ② 수입우선 원칙
  ③ 조사 시 최근의 직업우선 원칙

나만의 정리 답안

-

-

06 직업적응이론에서 중요하게 다루는 직업 가치 5가지를 쓰시오. (5점)

- ●
- ●
- ●
- ●
- ●

1. 직업적응이론에서의 직업가치
2. 미네소타중요도검사(MIQ) 6개 가치요인

정답 핵심 용어 : 지성이 편안 (남)자

참고 사항 : 6가지 가치 중 '6가지', '5가지', '3가지 쓰시오' 모두 출제

모범 답안

- 지위
- 성취
- 이타심
- 편안
- 안정
- 자율

📁 **변형 예상) '설명하시오' 로 출제될 경우 핵심 용어만 덧붙이도록 함**

- 지위 - 타인으로부터의 인정, (사회적) 명성
- 성취 - 자신의 능력을 사용하여 목적을 이룸
- 이타심 - 타인과의 조화
- 편안 - 편하고 스트레스를 받지 않는 것
- 안정 - 안정적인 작업환경, 예측 가능한 환경
- 자율 - 독립적, 자유로운 결정

나만의 정리 답안

- ●
- ●
- ●
- ●
- ●

07 측정의 신뢰도를 높이기 위해서는 측정오차를 최소로 줄여야 한다. 이를 위한 구체적 방법 3 가지를 쓰시오. (6점)

-
-
-

08 직업분석방법 중 최초분석법 종류 4가지를 쓰시오. (4점)

●

●

●

●

문제 핵심 용어

1. 최초분석법
정답 핵심 용어 : 면담 관찰 체험 설문 녹화 중요
참고사항 : '4가지 쓰시오'와 '3가지 쓰고 설명하시오'로 출제

심플 답안

- 면담법
- 관찰법
- 체험법
- 설문지법

참고사항 답안

- 관찰법 : 분석자가 작업자가 하는 직무활동을 상세하게 관찰하고 그 결과를 기술하는 방법
- 체험법 : 분석자 자신이 직접 직무활동에 참여하여 체험함으로서
  생생한 직무분석 자료를 얻는 방법
- 설문법 : 현장의 작업자 등에게 설문지를 배부하여
  이들로 하여금 직무내용을 기술하게 하는 방법

나만의 정리 답안

●

●

●

●

09 사이버상담의 필요성 6가지를 쓰시오. (6점)

- ●
- ●
- ●
- ●
- ●
- ●

1. 사이버상담의 필요성
정답 핵심 용어 : 시간, 공간, 접근성, 활용도, 익명서, 컴퓨터, 내담자 주도 등
참고 사항 : 사이버 상담의 장점 작성시에도 답안 활용 가능

심플 & 모범 답안

- 시간 공간적 제약을 극복할 수 있다.
- 접근성이 용이하다.
- 서면으로 상담내역을 남길 수 있어 활용도가 높다.
- 익명성이 보장되어 망설임을 감소시킨다.
- 컴퓨터 세대의 청소년에게 적합하다.
- 내담자 주도에 의한 자기성찰 능력이 향상된다.

나만의 정리 답안

- ●
- ●
- ●
- ●
- ●
- ●

10 산업별 임금격차가 발생하는 요인 4가지를 쓰시오. (4점)

- ●
- ●
- ●
- ●

1. 산업별 임금격차 발생 요인
정답 핵심 용어 : 노동 생산성, 노동조합, 집중도와 수요
참고 사항 : '3가지 쓰시오'로도 출제

심플 답안

- 노동생산성 차이
- 노동조합 존재 여부
- 산업별 집중도 차이
- 산업별 수요의 차이

모범 답안

- 산업간 노동생산성 차이
- 노동조합 존재 유무
- 산업별 집중도와 수요 차이
- 숙련직종 구성의 차이

나만의 정리 답안

- ●
- ●
- ●
- ●

11 준거타당도 계수 영향 요인을 3가지 쓰고 설명하시오. (6점)

- ●

- ●

- ●

문제 핵심 용어

1. 준거타당도 계수에 영향을 미치는 요인
정답 핵심 용어 : 표집오차, 신뢰도와 타당도, 범위
참고 사항 : 항상 '3가지 쓰고 설명하시오' 로 출제

심플 답안

- 표집오차
  : 표본이 모집단을 잘 대표할수록 표집오차가 줄어 타당도 계수가 높아진다.
- 준거측정치의 신뢰도
  : 신뢰도와 타당도는 상호상관관계가 있어
    준거측정치의 신뢰도가 높아야 타당도가 높아진다.
- 준거측정치의 타당도
  : 준거의 적절성이 좋아야 하며, 준거 결핍과 준거 오염 등의 준거왜곡으로
    준거타당도가 낮아진다.

모범 답안

- 표집오차
  : 모집단을 표집할 때 표집틀을 잘 구성하였는지, 표본의 크기는 적절하였는지,
    표집방법은 적절했는지와 같은 표집오차가 타당도 계수에 영향을 미친다.
- 준거측정치의 신뢰도와 타당도
  : 신뢰도와 타당도는 상호상관관계가 있어
    준거측정치의 신뢰도가 높아야 준거타당도가 높아지고,
    준거결핍과 준거 오염 등이 있으면 준거타당도가 낮아진다.
- 범위의 제한: 범위를 제한시키면 타당도 계수 또한 낮아지게 된다.

나만의 정리 답안

- ●

- ●

- ●

12 크라이티스 포괄적 직업상담과정을 쓰고 설명하시오. (6점)

- ●
- ●
- ●

문제 핵심 용어

1. 포괄적 직업상담 과정

정답 핵심 용어 : 진 명 문 (진짜 명문이 되려고 모두 다 포괄한 크라이티스)

심플 & 모범 답안

- 진단단계 : 내담자가 직업선택에서 가졌던 문제들을 진단하는 단계
- 명료화 : 내담자의 진로문제를 직업심리검사 등을 통해 해석하는 단계
- 문제해결 : 내담자가 문제를 확인하고 문제해결을 위한 의사결정을 실시하는 단계

나만의 정리 답안

- ●
- ●
- ●

13 진로성숙도 검사에서 태도척도와 능력척도를 3가지씩 쓰시오. (6점)

- ●

- ●

문제 핵심 용어

1. 진로성숙도 검사(CMI)의 태도척도와 능력척도
정답 핵심 용어 : 결참독성타, 자직목개문
참고 사항 : 동일한 문제로 '진로성숙도 검사의 척도 3가지씩 쓰시오'로 출제
　　　　　　기타 '태도척도 3가지를 쓰고 설명하시오'와
　　　　　　'태도척도를 쓰시오', '능력척도를 쓰시오'로도 출제

심플 & 모범 답안

- 태도척도 : 결정성, 참여도, 독립, 성향, 타협성
- 능력척도 : 자기평가, 직업정보, 목표선정, 계획, 문제해결

참고 사항 답안

태도척도	능력척도
결 참 독 성 타	자 직 목 개 문
결정성 참여도 독립성 성 향 타협성	자기평가 직업정보 목표선정 계 획 문제해결

나만의 정리 답안

- ●

- ●

14 아들러의 개인주의 상담목표 5가지를 쓰시오. (5점)

- ●
- ●
- ●
- ●
- ●

문제 핵심 용어

1. 개인주의 상담목표
2. 아들러의 상담목표

정답 핵심 용어 : 열등감, 우월감, 사회적 관심, 잘못된 동기, 목표 수정

참고 사항 : '3가지를 쓰시오'로도 출제

심플 & 모범 답안

- 열등감을 극복하도록 돕는다.
- 우월감을 추구하도록 돕는다.
- 바람직한 사회적 관심을 갖도록 돕는다.
- 내담자의 잘못된 동기를 바꾸도록 돕는다.
- 잘못된 가치와 목표를 수정하도록 돕는다.

나만의 정리 답안

- ●
- ●
- ●
- ●
- ●

15 내부 노동시장 형성요인과 장점을 각각 3가지씩 쓰시오. (6점)

●

●

심플 답안

- 내부노동시장의 형성요인
  ① 숙련의 특수성
  ② 현장훈련
  ③ 기업 내 관습
- 내부노동시장 장점
  ① 우수한 인적자본(인재)가 확보
  ② 동기부여
  ③ 사용자와 근로자의 장기고용관계가 유지

나만의 정리 답안

●

●

16 직무기능 중 사물에 관한 기능을 5가지 쓰시오 (5점)

- ●
- ●
- ●
- ●
- ●

1. 부가직업정보의 직무기능
2. 직무기능은 자료 사람 사물

정답 핵심 용어 : 설정제 조작 수동 단순

참고 사항 : 2021년 신출로 매년 출제되고 있음
　　　　　직무기능 표가 주어져 빈칸 채우기 문제와
　　　　　'사람에 해당하는 해당항목 5가지 쓰시오'로도 출제
　　　　　- 자협교 감독 설득

심플 답안

- 설치, 정밀작업, 제어조작, 조작운전, 수동조작, (단순작업)

참고 사항 답안

- 직무기능 수준

	자료	사람	사물
0	종합	자문	설치
1	조정	협의	정밀작업
2	분석	교육	제어조작
3	수집	감독	조작운전
4	계산	오락제공	수동조작
5	기록	설득	유지
6	비교	말하기-신호	투입-인출
7	-	서비스제공	단순작업
8	관련없음	관련없음	관련없음

-
-
-
-
-

17 직업적응이론에서 개인이 환경과 상호작용하는 특성을 나타내는 성격적 측면 4가지를 쓰고 설명하시오

(8점)

- ●
- ●
- ●
- ●
- ●

....

1. 직업적응이론에서의 성격적 측면 (= 성격 양식)

정답 핵심 용어 : 민 역 리 지

참고 사항 : '4가지 적응양식'도 출제됨으로 두가지를 구별

성격적 측면	적응적 측면
• 민첩성 • 역량 • 리듬 • 지구력	• 융통성 • 끈기 • 적극성 • 반응성

....

심플 & 모범 답안

- 민첩성 : 정확성보다는 빠르게 반응하는 속도 정도를 의미한다.
- 역량 : 활동수준이 높거나 낮은 정도를 의미한다.
- 리듬 : 활동에 대한 다양성을 의미한다.
- 지구력: 다양한 활동수준의 기간을 의미한다.

....

나만의 정리 답안

- ●
- ●
- ●
- ●
- ●

18 규준표집방법(확률표집방법) 3가지를 쓰고 설명하시오 (6점)

- ●

- ●

- ●

1. 확률표집방법

정답 핵심 용어 : 단 층 집 체

참고 사항 : 항상 '3가지'만 요구

　　　　　 '쓰시오'일 때는 단답형으로 작성

심플 답안

- 단순무선표집 : 모집단의 구성요소들이 표본에 속할 확률이
　　　　　　　　동일하도록 표집하는 방법이다.
- 층화표집 : 모집단이 규모가 다른 몇 개의 이질적인 하위집단으로 구성되어 있는 경우
　　　　　　사용하는 방법이다.
- 집락표집 : 모집단을 서로 동질적인 하위집단으로 구분하여 집단 자체를 표집하는 방법이다.

모범 답안

- 단순무선표집
  : 모집단의 구성요소들이 표본에 속할 확률이 동일하도록 표집하는 방법이다.
  　예를 들어 구성원들에게 일련번호를 부여해 무작위로 표집하는 방법이다.
- 층화표집
  : 모집단이 규모가 다른 몇 개의 이질적인 하위집단으로 구성되어 있는 경우 사용하는 방법이다.
  　예를 들어 모집단이 종교를 가진 집단이라면 각 종파별로 표집하는 방법이다.
- 집락표집
  : 모집단을 서로 동질적인 하위집단으로 구분하여 집단 자체를 표집하는 방법으로
  　전국 1학년 학생을 표지하는 경우 한 학교에서 1학년을 대표하기 위해 한 반을 선정하는 방법이다.

기타 답안

- 체계적 표집 : 첫번째는 무작위로 선정한 후 선정한 것을 기준으로
　　　　　　　체계적으로 표집하는 방법이다.

나만의 정리 답안

- ●

- ●

- ●

주제별로 살펴보는
통계 기출

계산용 문제

주제별로 살펴보는 | 통계 문제(기출)

"

숫자만 보면 머리 아프지 않나요?
아니면 괜히 보고 싶지 않은 마음 올라오지 않나요?

태생적 수포자이자 전형적인 사회형에 속한 저의 약점이
여러분께도 있지는 않을까 하는 노파심에
별도로 정리하였습니다.

펼치기 전에는 믿기 어려우시겠지만
Part 3가 끝날 때는 '생각보다 가볍고 심플했음'으로 마무리 되실꺼예요.

활자도 숫자도
필기도 실기도 모두 합격 하지영!

"

1. 경제활동참가율, 실업률, 임금근로자수

```
                                                              ┌─ 취업자
                                          ┌─ 경제활동인구 ─┤
           생산가능한 인구                  │                └─ 실업자
           (15세 이상 인구)  ─┤
                                          └─ 비경제활동인구
```

<핵심 공식>

※ 취업자 = 임금근로자 + 비임금근로자
* 임금근로자 = 상용근로자 + 임시근로자 + 일용근로자
  = 취업자수 – 비임금근로자수
* 비임금근로자 = 자영업주 + 가족종사자

※ 무급가족종사자 = 비임금근로자 – 자영업주

$$※ 경제활동참가율 = \frac{경제활동인구수}{생산가능인구} \times 100$$

$$※ 고용률 = \frac{취업자}{생산가능인구} \times 100$$

$$※ 취업률 = \frac{취업자}{경제활동인구} \times 100$$

$$※ 실업률 = \frac{실업자}{경제활동인구} \times 100$$

01 실업률을 계산하여 계산과정과 답을 쓰시오. (단, 소수점 둘째자리에서 반올림)

- 15세 이상인구 : 35,986천명
- 비경제활동인구 : 14,716천명
- 취업자 : 20,148천명

답 안

생산 가능 인구
(15세 이상 인구)
35,986천명

경제활동인구
21,270천명

취업자
20,148천명

실업자
1,122천명

비경제활동인구
14,716천명

- 경제활동인구 = 15세 이상 인구 - 비경제활동인구

  = 35,986천명 - 14,716천명

  = 21,270천명

- 실업자수 = 경제활동인구 - 취업자 수

  = 21,270천명 - 20,148천명

  = 1,122천명

$\therefore$ **실업률** $= \dfrac{\text{실업자수}}{\text{경제활동인구}} \times 100$

$= \dfrac{1{,}122\text{천명}}{21{,}270\text{천명}} \times 100$

$= 5.3\%$

02 특정시기의 고용동향이 다음과 같을 때 보기를 보고 다음을 계산하시오.

- 15세 이상 인구 : 35,986천명
- 비경제활동인구 : 14,716천명
- 취업자 : 20,148천명
  (자영업자 : 5,645천명, 무급 가족봉사자 : 1,684천명, 상용근로자 : 6,113천명,
  임시 근로자 : 4,481천명, 일용 근로자 : 2,225천명)

답 안

1) 실업률을 구하시오. (단, 소수 둘째 자리에서 반올림)

2) 임금근로자 수를 구하시오.

3) 경제활동 참가율을 구하시오.

모범 답안

1) 실업률을 구하시오. (단, 소수 둘째 자리에서 반올림)

- 경제활동인구 = 15세 이상 인구 - 비경제활동인구

    = 35,986천명 - 14,716천명

    = 21,270천명

- 실업자수 = 경제활동인구 - 취업자 수

    = 21,270천명 - 20,148천명

    = 1,122천명

∴ **실업률** $= \dfrac{\text{실업자수}}{\text{경제활동인구}} \times 100$

$= \dfrac{1,122\text{천명}}{21,270\text{천명}} \times 100$

$= 5.3\%$

2) 임금근로자 수를 구하시오.

- 임금근로자 수 = 상용근로자 수 + 임시근로자 수 + 일용근로자 수

    = 6,113천명 + 4,481천명 + 2,225천명

    = 12,819천명

3) 경제활동 참가율을 구하시오.

- $\dfrac{\text{경제활동인구수}}{\text{생산가능인구}(= 15\text{세 이상 인구})} \times 100$

$= \dfrac{21,270\text{천명}}{35,986\text{천명}} \times 100$

$= 59.1\%$

03 다음 자료를 보고 주어진 조건을 계산하시오. 단 소수점 둘째 자리에서 반올림 하여 소수 첫째 자리수까지 구하시오.(단위 : 천명)

총인구	15세이상 인구	취업자	실업자	정규직을 희망하는 단기간 근로자
500	400	200	20	10

답 안

1) 경제활동참가율을 구하시오.

2) 고용률을 구하시오.

3) 실업률을 구하시오.

```
                                                                   취업자
                                                                  200천명
                                      경제활동인구
                                        220천명
   생산 가능 인구
   (15세 이상 인구)                                                실업자
      400천명                                                     20천명

                                      비경제활동인구
                                        180천명
```

----

1) 경제활동참가율을 구하시오.

- 경제활동인구 = 취업자 + 실업자

    = 200천명 + 20천명

    = 220천명

- 생산가능 인구 = 15세이상 인구 = 400천명

- 경제활동참가율 = $\dfrac{경제활동인구수}{생산가능인구} \times 100 = \dfrac{220천명}{400천명} \times 100 = 55\%$

2) 고용률을 구하시오.

- 고용률 = $\dfrac{취업자}{생산가능인구} \times 100 = \dfrac{200천명}{400천명} \times 100 = 50\%$

3) 실업률을 구하시오.

- 실업률 = $\dfrac{실업자}{경제활동인구} \times 100 = \dfrac{20천명}{220천명} \times 100 = 9.1\%$

04 가상국가 A의 고용동향은 아래와 같다. 물음에 답하시오. (단위 : 천명)

경제활동인구	비경제활동인구	임금근로자	비임금근로자
350	150	190	140

답 안

1) 이 국가의 실업률을 구하시오.

2) 경제활동참가율을 구하시오.

3) 자영업주가 90천명일 때 무급가족종사자는 최소 얼마인지 구하시오.

4) 경제활동가능인구 중 취업자 비율을 구하시오.

생산 가능 인구
500천명

경제활동인구
350천명

비경제활동인구
150천명

취업자
330천명

실업자
20천명

임금근로자
190천명

비임금근로자
140천명

---

1. 이 국가의 실업률을 구하시오.

• 취업자 = 임금근로자 + 비임금근로자

   = 190천명 + 140천명 = 330천명

• 실업자 = 경제활동인구 – 취업자

   = 350천명 – 330천명

   = 20천명

• 실업률 = $\dfrac{\text{실업자}}{\text{경제활동인구}} \times 100 = \dfrac{20천명}{350천명} \times 100 = 5.71\%$

2) 경제활동참가율을 구하시오.

• 경제활동참가율 = $\dfrac{\text{경제활동인구수}}{\text{생산가능인구}} \times 100 = \dfrac{350천명}{500천명} \times 100 = 70\%$

3) 자영업주가 90천명일 때 무급가족종사자는 최소 얼마인지 구하시오.

• 비임금근로자 = 자영업주 + 무급가족종사자

   ∴ 140천명 = 90천명 + 무급가족종사자

   ⇨ 무급가족종사자 = 50천명

4) 경제활동가능인구 중 취업자 비율을 구하시오.

• 취업자 비율 = 취업률

• 취업률 = $\dfrac{\text{취업자}}{\text{경제활동인구}} \times 100 = \dfrac{330천명}{500천명} \times 100 = 66\%$

05 고용률 50%, 비경제활동인구 400명, 실업자 수 50명일 때의 실업률을 구하시오.

답 안

```
                                            취업자
                                            X - 50
                       경제활동인구
                           X
생산 가능 인구
   X + 400
                       비경제활동인구           실업자
                           400                 50
```

- 고용률 = $\dfrac{\text{취업자}}{\text{생산가능인구}} \times 100$

∴ 고용률 : $50 = \dfrac{X-50}{400+X} \times 100$

$\dfrac{50}{100} = \dfrac{X-50}{400+X}$

⇨ $\dfrac{1}{2} = \dfrac{X-50}{400+X}$

⇨ $(400+X) = 2(X-50)$

⇨ $400 + X = 2X - 100$

⇨ $400 + 100 = 2X - X$

⇨ $500 = X$

- 실업률 = $\dfrac{\text{실업자}}{\text{경제활동인구}} \times 100 = \dfrac{50}{500} \times 100 = 10\%$

06 A국의 만 15세 이상 인구가 100만명이고, 경제활동참가율이 70% 실업률이 10%라고 할 때 A국의 실업자 수를 계산하시오.

답 안

```
                                                            취업자
                                      경제활동인구
                                        70%
                                      (→70만명)
          생산 가능 인구                                     실업자
          100만명                                            10%
                                                           (→7만명)
                                      비경제활동인구
                                        30%
                                      (→30만명)
```

- 경제활동참가율 $= \dfrac{경제활동인구수}{생산가능인구}$

  $70\% = \dfrac{경제활동인구수}{100만명} \times 100$ ∴ 경제활동인구수 = 70만명

- 실업률 $= \dfrac{실업자}{경제활동인구} \times 100$

  $10\% = \dfrac{X}{70만명} \times 100$

  ⇨ $10X = 70만명$

  ∴ 실업자수(X) = 7만명

07 어떤 국가의 고용률 50%이고 실업률 10%(실업자는 50만명)일 때, 경제활동인구수와 비경제활동인구수의 식과 답을 구하시오.

답 안

1) 경제활동참가인구수

2) 비경제활동인구수

모범 답안

1) 경제활동참가인구수

- 실업률 $= \dfrac{\text{실업자}}{\text{경제활동인구}} \times 100$

  $10\% = \dfrac{50\text{만명}}{\text{경제활동인구}} \times 100$

  $\therefore$ 경제활동인구 $= 500$만명

2) 비경제활동인구수

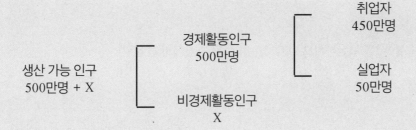

- 고용율 50%로 주어진 값을 이용하여 비경제활동인구(X) 구하기

  고용률 $= \dfrac{\text{취업자}}{\text{생산가능인구}} \times 100$

  $\Rightarrow \quad 50 = \dfrac{450\text{만명}}{500\text{만명} + X} \times 100$

  $\Rightarrow \quad \dfrac{50}{100} = \dfrac{450\text{만명}}{500\text{만명} + X}$

  $\therefore X = 400$만명

08 아래 주어진 표를 보고 다음을 계산하시오. (단위: 천명)

구분	15~19세	20~24세	25~29세	30~50세
생산가능인구	3,284	2,650	3,846	22,982
경제활동인구	203	1,305	2,797	17,356
취업자	178	1,181	2,598	16,859
실업자	25	124	199	497
비경제활동인구	3,082	1,346	1,049	5,627

답 안

1) 30~50세 고용률(%)를 계산하시오. (단, 소수점 둘째 자리에서 반올림)

2) 30~50세 고용률을 29세 이하 고용률과 비교하여 분석하시오.

1) 30~50세 고용률(%)를 계산하시오. (단, 소수점 둘째 자리에서 반올림)

- 고용률(%) = $\dfrac{\text{취업자 수}}{\text{만 15세 이상 인구}} \times 100$

  $= \dfrac{16,859 \text{ 천명}}{22,982 \text{ 천명}} \times 100$

  $= 73.4\%$

2) 30~50세 고용률을 29세 이하 고용률과 비교하여 분석하시오.

- '29세 이하'는 '9세 이하'는 '15~29세'에 해당함으로

  해당하는 표의 수의 합을 계산하여야 함

- 29세 이하의 고용률(%) = $\dfrac{178\text{천명} + 1,181 \text{ 천명} + 2,598 \text{ 천명}}{3,284\text{천명} + 2,650 \text{ 천명} + 3,846 \text{ 천명}} \times 100$

  $= \dfrac{3,957 \text{ 천명}}{9,780 \text{ 천명}} \times 100$

  $= 40.5\%$

① 29세 이하의 고용률 40.5%가 30~50대의 고용률 73.4%보다 현저하게 낮다.

   이는 29세 이하의 사람들은 취업준비자가 많고 이들이 비경제활동 인구로 분류되어

   고용률을 낮추게 된다.

② 30~50대 고용률이 29세 이하의 고용률보다 현저히 높기 때문에 경제활동이 더 활발함을 의미한다.

2. 이윤극대화를 위한 최적고용량

<핵심 공식>
※ 최적고용률 = 이윤극대화
※ 이윤극대화 원칙 : 임금 = 한계생산물 가치(가격)

22년 1회, 18년 2회, 15년 3회, 13년 1회, 10년 4회, 08년 2회

01 완전 경쟁시장에서 A제품을 생산하는 어떤 기업의 단기 생산함수가 다음과 같다. 기업의 이윤극대화를 위한 최적고용량을 도출하고 그 근거를 설명하시오. (단위당 임금 : 150원, 생산물 단가 : 100원)

노동투입량	0단위	1단위	2단위	3단위	4단위	5단위	6단위
총생산량	0개	2개	4개	7개	8.5개	9개	9개

답 안

모범 답안

노동투입량	0단위	1단위	2단위	3단위	4단위	5단위	6단위
총생산량	0개	2개	4개	7개	8.5개	9개	9개
한계생산물	–	2개	2개	3개	1.5개	0.5개	0개
한계생산물가치	–	200원	200원	300원	150원	50원	0원

• 이윤극대화 원칙은 임금과 한계생산물 가치가 동일할 때이다.

  따라서 임금 150원과 한계생산물가치 150원이 만나는

  4단위에서 최적 고용량이 도출된다.

03. 한계생산량

<핵심 공식>
※ 노동의 평균생산량 = $\dfrac{\text{시간당 생산량}}{\text{근로자수}}$

21년 1회, 18년 2회, 13년 1회, 10년 4회

01 K회사의 근로자 수와 하루 의자 생산량은 다음과 같다. 아래의 물음에 답하시오. (임금은 10,000원이고, 의자가격은 2,000원일 때)

근로자 수(명)	의자 생산량
0	0
1	10
2	18
3	23
4	27
5	30

답 안

1) 근로자 수가 5명일 때 노동의 평균 생산량을 구하시오. (계산과정, 답 모두 쓰시오.)

2) 해당 기업이 이윤을 극대화하기 위해 고용해야 할 근로자 수와 노동의 한계생산량을 구하시오. (계산과정, 답 모두 쓰시오.)

3) 근로자 수가 2명일 때 노동의 한계생산량을 계산하시오.

1) 근로자 수가 5명일 때 노동의 평균 생산량을 구하시오.(계산과정, 답 모두 쓰시오.)

   • 노동의 평균생산량 $= \dfrac{\text{시간당 생산량}}{\text{근로자수}} = \dfrac{30}{5} = 6$개

2) 해당 기업이 이윤을 극대화하기 위해 고용해야 할 근로자 수와 노동의 한계생산량을 구하시오. (계산과정, 답 모두 쓰시오.)

근로자 수(명)	의자 생산량	시간당 한계생산량	시간당 한계생산가치
0	0	-	
1	10	10	20,000원
2	18	8	16,000원
3	23	5	10,000원
4	27	4	8,000원
5	30	3	6,000원

   • 이윤극대화는 임금과 한계생산물가치가 일치 할 때이다.

   따라서 임금 10,000원과 한계생산가치 10,000원이 일치하는 근로자수 3명에서

   이윤극대화가 이루어진다.

   ∴ 이윤을 극대화하기 위해 고용해야할 근로자 수= 3명

   근로자 3명일 때 한계생산량은 23 − 18 = 5개

   그러므로 이윤 극대화를 위한 근로자 수는 3명, 노동의 한계생산량은 5개이다.

3) 근로자 수가 2명일 때 노동의 한계생산량을 계산하시오.

   • 종업원 2명 일 때 한계 생산량은

   종업원 2명 일 때 생산량 - 종업원 1명일 때 생산량으로

   18개 − 10개 = 8개이다.

04. 한계생산량과 한계수입생산물

<핵심 공식>

※ 한계생산량 $= \dfrac{\text{총생산물 변동량}}{\text{노동의 변화량}}$

※ 이윤극대화의 조건 → '임금'과 '한계생산물가치'가 일치할 때

19년 3회, 16년 2회, 13년 2회

01 K제과점의 하루 생산량은 다음과 같다. 다음의 물음에 답하시오.(케이크의 가격은 10,000원이고, 종업원의 일당은 80,000원일 때)

종업원 수	0	1	2	3	4	5
케이크 생산량	0	10	18	23	27	30

답 안

1) 종업원 수가 2명일 때 노동의 한계생산량(MPL)을 계산하시오.

2) 종업원 수가 3명일 때 노동의 한계수입생산물(MRPL)을 계산하시오.

3) 종업원 1인당 임금이 80,000원일 때 이윤의 최대점을 추구하는 제과점의 종업원 수와 케이크의 양을 구하시오.

종업원 수	0	1	2	3	4	5
케이크 생산량	0	10	18	23	27	30
한계생산량	-	10	8	5	4	3
한계생산물가치 (한계생산량×가격)	0	10,000	80,000	50,000	40,000	30,000

1) 종업원 수가 2명일 때 노동의 한계생산량(MPL)을 계산하시오.

• 근로자수 2명인 경우 노동의 한계생산량(MPL)은 8개이다.

근로자수 2명인 경우 한계생산물 - 근로자수 1명인 경우 한계생산물 = 18-10 = 8개

2) 종업원 수가 3명일 때 노동의 한계수입생산물(MRPL)을 계산하시오.

• 근로자 3명일 때 한계생산물 = 23-18 = 5개

한계수입은 생산물 한 단위를 추가 판매 할 때 들어오는 수입을 의미하는 것으로

케이크 한개를 추가 판매하면 그 수입이 10,000원이다.

그러므로 한계수입생산 = 5 × 10,000원 = 50,000원

3) 종업원 1인당 임금이 80,000원일 때 이윤의 최대점을 추구하는 제과점의 종업원 수와 케이크의 양을 구하시오.

• 이윤극대화의 조건은 '임금 = 한계생산물가치'이다.

그러므로 임금 80,000원과 한계생산물가치 80,000원이 만나는 2명일 때

이윤극대화가 이루어진다.

∴ 이윤극대화 채용근로자 수는 2명이고 이 때의 케이크 생산량은 18개이다.

05. 한계노동비용

23년 3회, 20년 3회, 16년 3회

01 아래 내용을 참조하여 기업의 한계노동비용과 이윤극대화가 이루어질 때 노동공급 등을 구하시오.

노동량	5	6	7	8	9	10
임금	6	8	10	12	14	16
한계수입생산	62	50	38	26	14	2

답 안

1) 노동공급이 7단위일 때 한계노동비용을 구하시오.

2) 이윤극대화가 이루어지는 노동공급과 임금을 구하시오.

노동량	5	6	7	8	9	10
임금	6	8	10	12	14	16
노동총비용	30	48	70	96	126	160
한계노동비용		48-30=18	70-48=22	96-70=26	126-96=30	160-126=34
한계수입생산	62	50	38	26	14	2

1) 노동공급이 7단위일 때 한계노동비용을 구하시오.

   • 한계노동비용은

   노동 1단위를 추가로 투입할 때 그로 인한 노동 총비용의 증가분을 의미한다.

   노동공급 6단위일 때 노동 총비용 = 6×8 = 48

   노동공급 7단위일 때 노동 총비용 = 7×10 = 70

   ∴ 한계노동비용 = 70 - 48 = 22

2) 이윤 극대화가 이루어지는 노동공급과 임금을 구하시오.

   • 이 시장은 노동공급의 증가에 따라 단위당 임금이 상승하므로 수요독점 노동시장이다.

   수요독점 노동시장에서는 '한계노동비용 = 한계수입생산'에서 이윤의 극대화가 이루어진다.

   따라서, 한계노동비용 26과 한계수입생산 26이 만나는 8단위에서 이윤이 극대화된다.

   ∴ 이윤극대화가 이루어지는 노동공급은 8이고, 임금은 12이다.

06. 구인배율, 취업률

<핵심 공식>

※ 구인배율 $= \dfrac{\text{신규 구인원수}}{\text{신규 구직자수}}$

※ 취업률 $= \dfrac{\text{취업자}}{\text{신규구직자수}} \times 100$

14년 1회, 00년 1회

01 다음의 표를 보고 답하시오. (단, 모범 답안 앞에 약을 꼭 붙이시오)

구분	신규구인	신규구직	알선건수	취업수
A	103,062	426,746	513,973	36,710
B	299,990	938,855	1,148,534	119,020

답 안

1) A기간의 구인배율은?

2) B기간의 구인배율은?

3) A기간의 취업률은?

4) B기간의 취업률은?

1) A기간의 구인배율

· 구인배율 $= \dfrac{\text{신규 구인원 수}}{\text{신규 구직자 수}} = \dfrac{103,062}{423,746} =$ 약 0.24

2) B기간의 구인배율

· 구인배율 $= \dfrac{\text{신규 구인원 수}}{\text{신규 구직자 수}} = \dfrac{299,990}{938,855} =$ 약 0.32

3) A기간의 취업

· 취업률 $= \dfrac{\text{취업자}}{\text{신규구직자수}} \times 100$

$= \dfrac{36,710}{426,746} \times 100$

$=$ 약 8.60%

4) B기간의 취업률

· 취업률 $= \dfrac{\text{취업자}}{\text{신규구직자수}} \times 100$

$= \dfrac{119,020}{938,855} \times 100$

$=$ 약 12.68%

07. 적정임금상승률

20년 5회, 14년 3회, 12년 1회, 09년 1회, 02년 2회

01 생산성 임금제에 의하면, 명목임금 상승률을 결정할 때, 부가가치 노동 생산성 상승률과 일치시키는 것이 적정하다고 한다.

어떤 기업의 2010년 근로자 수가 40명, 생산량이 100개, 생산물의 단가가 10원, 자본 비용이 150원이었으나, 2011년에는 근로자수는 50명, 생산량은 120개, 생산물의 단가는 12원, 자본 비용이 200원으로 올랐다고 가정하자. 생산성 임금제에 근거할 때 이 기업의 2011년도 적정 임금 상승률을 계산하시오.

(단, 소수점 발생시 반올림하여 소수 첫째자리로 표현 하시오.)

답 안

적정 임금 상승률은 부가가치 생산성의 증가율가 일치한다.

따라서 적정 임금 상승률을 도출하기기 위하여

주어진 년도의 부가가치 생산성을 파악하여야 한다.

$\Rightarrow$ 부가가치 생산성 $= \dfrac{부가가치}{노동투입량} = \dfrac{생산량 \times 생산물\ 단가}{노동투입량}$

- 2010년 부가가치 생산성 $= \dfrac{100 \times 10}{40} = 25$

- 2008년 부가가치 생산성 $= \dfrac{120 \times 12}{50} = 28.8$

$\therefore$ 부가가치 증가율 $= \dfrac{28.5 - 25}{25} \times 100 = 15.2\%$

그러므로 2008년도 적정임금상승률은 15.2% 이다.

08. 노동수요탄력성, 노동공급탄력성

<핵심 공식>

※ 노동수요의 (임금)탄력성 = $\dfrac{\text{노동수요량의 변화율}}{\text{임금의 변화율}}$

$\qquad\qquad\qquad\qquad = \dfrac{\dfrac{\text{노동수요량의 변동분}}{\text{원래의 노동수요량}}}{\dfrac{\text{임금의 변동분}}{\text{원래의 임금}}}$

※ 노동공급의 (임금)탄력성 = $\dfrac{\text{노동공급량의 변화율}}{\text{임금의 변화율}}$

※ 근로자의 수입 = 임금 × 노동시간(노동공급량)

17년 1회, 12년 2회, 07년 3회

01 시간당 임금이 500원일 때 1,000명을 고용하던 기업에서 시간당 임금이 400원으로 감소하였을 때 1,100명을 고용할 경우, 이 기업의 노동수요탄력성을 계산하시오.(소수점 첫째자리까지 표시하시오)

답 안

- 노동수요 탄력성 $= \dfrac{\text{노동수요량의 변화율}}{\text{임금의 변화율}}$

  ⇨ 노동수요량의 변화율 $= \dfrac{\text{노동수요량의 변동분}}{\text{원래의 노동수요량}} = \dfrac{1,100 - 1,000}{1,000} \times 100 = 10\%$

  ⇨ 임금의 변화율 $= \dfrac{\text{임금의 변동분}}{\text{원래의 임금}} = \dfrac{500 - 400}{500} \times 100 = 20\%$

  ∴ 노동수요 탄력성 $= \dfrac{\text{노동수요량의 변화율}}{\text{임금의 변화율}} = \dfrac{10\%}{20\%} = 0.5$

노동수요탄력성은 0.5이다.

※ % 붙이면 안됨에 주의

02 다음 표를 보고 물음에 답하시오.

구분	시간당 임금				
	5,000원	6,000원	7,000원	8,000원	9,000원
A기업의 노동수요량	22	21	20	19	18
B기업의 노동수요량	24	22	20	18	16

답 안

1) 임금이 7,000원에서 8,000원으로 인상될 때 각 기업의 노동수요의 임금탄력성을 구하시오.

2) A, B 각 기업의 노동조합이 임금협상을 시도하려고 할 때 타결 가능성이 높은 기업은 어디인가?

2-1) 그 이유가 무엇인지 설명하시오.

1) 임금이 7,000원에서 8,000원으로 인상될 때 각 기업의 노동수요의 임금탄력성을 구하시오.

  (1) A그룹

    • 수요의 임금탄력성 $= \dfrac{\text{노동수요량의 변화율}}{\text{임금의 변화율}}$

    ⇨ 노동수요량의 변화율 $= \dfrac{\text{노동수요량의 변동분}}{\text{원래의 노동수요량}} \times 100 = \dfrac{19-20}{20} \times 100 = 5\%$

    ⇨ 임금의 변화율 $= \dfrac{\text{임금의 변동분}}{\text{원래의 임금}} \times 100 = \dfrac{8{,}000-7{,}000}{7{,}000} \times 100 = 14.29\%$

    ∴ 노동수요 임금탄력성 $= \dfrac{\text{노동수요량의 변화율}}{\text{임금의 변화율}} = \dfrac{5\%}{14.29\%} = 0.35$

  (2) B그룹

    • 노동수요의 임금탄력성 $= \dfrac{\text{노동수요량의 변화율}}{\text{임금의 변화율}}$

    ⇨ 노동수요량의 변화율 $= \dfrac{\text{노동수요량의 변동분}}{\text{원래의 노동수요량}} \times 100 = \dfrac{18-20}{20} \times 100 = 10\%$

    ⇨ 임금의 변화율 $= \dfrac{\text{임금의 변동분}}{\text{원래의 임금}} \times 100 = \dfrac{8{,}000-7{,}000}{7{,}000} \times 100 = 14.29\%$

    ∴ 노동수요 임금탄력성 $= \dfrac{\text{노동수요량의 변화율}}{\text{임금의 변화율}} = \dfrac{10\%}{14.29\%} = 0.7$

2) A, B 각 기업의 노동조합이 임금협상을 시도하려고 할 때 타결 가능성이 높은 기업은 어디인가?

  • A기업이 타결가능성이 높다.

2-1) 그 이유가 무엇인지 설명하시오.

  • 임금의 탄력성이 작을수록 노동조합의 교섭력은 커지므로
  A기업의 임금 탄력성이 0.35으로 B기업에의 임금 탄력성 0.7 보다 작음으로
  임금협상이 타결될 가능성이 높다.
  노동수요의 임금탄력성이 작음 즉 비탄력적이면
  임금이 상승해도 고용량 감소가 적어 실업이 적게 발생하기 때문이다.

03 사례를 보고 답하시오.

A기업은 시간당 임금이 4,000원일 때 20,000시간의 노동을 필요로 한다.
임금이 5,000원으로 인상되면 10,000시간의 노동을 필요로 한다.

B기업은 임금이 시간당 6,000원 일 때 30,000시간의 노동을 필요로 한다.
임금이 5,000원으로 인하되면 33,000시간의 노동을 필요로 한다.

답 안

1) A기업과 B기업의 노동수요의 임금탄력성을 구하시오.

2) A, B 각 기업의 노동조합이 임금협상을 시도하려고 할 때 그 타결 가능성이 높은 기업은 어디인가?

3) 그 이유는 무엇인지 설명하시오.

1) A기업과 B기업의 노동수요의 임금탄력성을 구하시오.

 (1) A기업

 • 노동수요의 임금탄력성 $= \dfrac{\text{노동수요량의 변화율}}{\text{임금의 변화율}}$

 ⇨ 노동수요량의 변화율 $= \dfrac{\text{노동수요량의 변동분}}{\text{원래의 노동수요량}} \times 100 = \dfrac{20,000 - 10,000}{20,000} \times 100 = 50\%$

 ⇨ 임금의 변화율 $= \dfrac{\text{임금의 변동분}}{\text{원래의 임금}} \times 100 = \dfrac{5,000 - 4,000}{4,000} \times 100 = 25\%$

 ∴ 노동수요 임금탄력성 $= \dfrac{\text{노동수요량의 변화율}}{\text{임금의 변화율}} = \dfrac{50\%}{25\%} = 2$

 (2) B그룹

 • 노동수요의 임금탄력성 $= \dfrac{\text{노동수요량의 변화율}}{\text{임금의 변화율}}$

 ⇨ 노동수요량의 변화율 $= \dfrac{\text{노동수요량의 변동분}}{\text{원래의 노동수요량}} \times 100 = \dfrac{30,000 - 33,000}{30,000} \times 100 = 10\%$

 ⇨ 임금의 변화율 $= \dfrac{\text{임금의 변동분}}{\text{원래의 임금}} \times 100 = \dfrac{5,000 - 6,000}{6,000} \times 100 = 16.67\%$

 ∴ 노동수요 임금탄력성 $= \dfrac{\text{노동수요량의 변화율}}{\text{임금의 변화율}} = \dfrac{10\%}{16.67\%} = 0.6$

2) A, B 각 기업의 노동조합이 임금협상을 시도하려고 할 때 그 타결 가능성이 높은 기업은 어디인가?

 • 임금협상의 타결가능성이 높은 기업은 B기업이다.

3) 그 이유는 무엇인지 설명하시오.

 • 노동조합의 교섭력은 노동수요의 임금탄력성이 비탄력적일수록 커진다.

  즉, 노동수요의 임금탄력성이 비탄력적이면 임금을 크게 인상해도 고용량 감소가 적어,

  실업이 적게 발생한다.

  따라서 노동조합은 임금인상을 강력하게 요구할 수 있다.

04 노동수요 Ld=5,000원-2W이고, 1시간당 임금이 W=2,000원일 때, 노동수요의 임금탄력성의 절대값과 근로자의 수입을 계산하시오.

답 안

1) 노동수요의 임금탄력성의 절대값

- 노동수요 Ld = 5,000 − 2W, 임금 W = 2,000

  노동수요 = 5,000 − (2 × 2,000) = 1,000

  변화 임금이 1,000원으로 가정후 계산 : 변화 후 노동수요 = 5,000 − (2 × 1000) = 3,000

- 노동수요의 임금탄력성 = $\dfrac{\text{노동수요량의 변화율}}{\text{임금의 변화율}}$

  ⇨ 노동수요량의 변화율 = $\dfrac{\text{노동수요량의 변동분}}{\text{원래의 노동수요량}} \times 100 = \dfrac{3,000 - 1,000}{1,000} \times 100 = 200\%$

  ⇨ 임금의 변화율 = $\dfrac{\text{임금의 변동분}}{\text{원래의 임금}} \times 100 = \dfrac{1,000 - 2,000}{2,000} \times 100 = 50\%$

  ∴ 노동수요 임금탄력성 = $\dfrac{\text{노동수요량의 변화율}}{\text{임금의 변화율}} = \dfrac{200\%}{50\%} = 4$

2) 근로자의 수입

- 근로자의 수입 = 임금 × 노동시간(노동공급량)

$$2,000 \times 1,000 = 2,000,000 원$$

cf) 참고

노동시간(노동공급량)은 노동수요량과 동일하다.

∴ 노동수요량 = 5,000 − (2 × 2,000) = 1,000

9. 입직률

15년 1회, 14년 1회

01 A회사의 9월말 사원수는 1,000명이였다. 신규채용인원수는 20명, 전입인원수는 80명 일 때 10월의 입직률과 입직률의 의미를 쓰시오.

답 안

1) 10월의 입직률

- 입직률 $= \dfrac{당월입직자수(=신규채용+전입)}{전월말사원수} \times 100$

10월 입직률 $= \dfrac{10월\,입직자수(신규채용+전입)}{9월말사원수} \times 100$

$= \dfrac{20명 + 80명}{1,000명} \times 100 = 10\%$

2) 입직률의 의미

입직률이란 월말 노동자수 대비 월간 증가 노동자수의 비율을 의미함으로

입직률이 높다는 것은 경제활동이 활발함을 의미한다.

10. 직무능력

01 직업상담사가 구직자 A와 B에게 각각 동형검사인 직무능력검사(Ⅰ형)과 직무능력검사(Ⅱ형)을 실시한 결과 A는 115점, B는 124점을 얻었으나 검사유형이 다르기 때문에 두 사람의 점수를 직접 비교 할 수 없다.
A와 B중 누가 더 높은 직무능력을 갖추었는지 각각 표준점수인 Z점수를 산출하고 이를 비교 하시오.(각각의 Z점수는 소수점 둘째자리까지 산출하며, 계산과정은 반드시 기재해야 한다.)
(단, 직무능력검사(Ⅰ)표준화 집단 평균 : 100, 표준편차 : 7, 직무능력검사(Ⅱ)표준화 집단 평균 : 100, 표준편차 : 15)

답 안

모범 답안

- 표준점수 $Z = \dfrac{원점수 - 평균}{표준편차}$

   ⇨ A의 Z점수는 $\dfrac{115 - 100}{7} = 2.14$ 이고,

   B의 Z점수는 $\dfrac{124 - 100}{15} = 1.60$ 이므로

   A가 B보다 더 높은 직무능력을 가지고 있다고 볼 수 있다.

02 C점수가 7점이고 평균과 표준편차가 아래와 같을 때 C의 표준점수 Z를 구하시오.

내담자	A	B	C	D	E	F	평균	표준편차
점수	3	6	7	10	14	20	10	5.77

답 안

모범 답안

- 표준점수 $Z = \dfrac{\text{원점수} - \text{평균}}{\text{표준편차}}$

  ⇨ C의 표준점수 $Z = \dfrac{7 - 10}{5.77} = -0.52$

제1회 모의고사

01 직업상담의 목적 5가지를 설명하시오. (5점)

-
-
-
-
-

02 집단상담의 장점과 단점을 각각 3가지씩 쓰시오.(6점)

-
-
-
-
-
-

03 의사교류분석(TA)에서 인간의 자아상태 3가지를 쓰시오.(6점)

-
-
-

04 한국표준직업분류의 8차 개정의 주요 내용을 4가지 작성하시오.(4점)

-
-
-
-

05 인지·정서·행동적(REBT) 상담의 기본개념인 ABCDE 모델의 의미를 쓰고 설명하시오.(6점)

-
-
-
-
-

06 한국직업사전의 작업강도중 빈 칸을 채우시오.(5점)

- 아주 가벼운 작업 : 최고 (　A　)kg의 물건을 들어 올리고 때때로 장부, 소도구 등을 들어 올리거나 운반한다.
- 보통 작업 : 최고 (　B　)kg의 물건을 올리고 (　C　)kg정도의 물건을 빈번히 들어 올리거나 운반한다.
- 힘든 작업 : 최고 (　D　)kg의 물건을 올리고 (　E　)kg정도의 물건을 빈번히 들어 올리거나 운반한다.

-

07 최저임금제의 기대효과와 단점을 3가지씩 쓰시오.(6점)

●

●

08 상담에서 상담자와 내담자의 대화를 가로막을 수 있는 상담자의 반응을 3가지만 쓰시오.(6점)

●

●

●

09 심리검사에서는 선다형이나 "예, 아니오" 등 객관식 형태의 자기보고형 검사(설문지 형태의 검사지)가 가장 많이 사용된다. 이런 검사의 정의와 장·단점을 쓰시오.(6점)

●

●

10 검사의 신뢰도란 검사가 얼마나 일관성 있는가를 의미하는 것이다. 심리검사의 신뢰도의 종류와 신뢰도에 영향을 주는 요인 3가지씩 쓰시오. (6점)

-

-

11 크롬볼츠의 사회학습이론 중 진로선택에 영향을 주는 요인 4가지를 쓰시오.(4점)

-

-

-

-

12 Super의 발달적 직업상담에서 진단을 위한 3가지 평가 유형을 설명하시오.(6점)

-

-

-

13 직업대안 선택 단계에서 내담자가 달성해야 하는 과제 4가지를 쓰시오.(4점)

-

-

-

-

14 직업적응이론에서 개인이 환경과 상호작용하는 특성을 나타내는 성격적 측면 4가지를 쓰시오.(4점)

-

-

-

-

15 심리검사는 검사 내용에 따라 능력적인 요소를 측정하는 성능검사와 습관적인 행동경향을 측정하는 성향 검사로 분류할 수 있다. 성능검사와 성향검사에 해당하는 검사명을 각각 3가지씩만 쓰고 각 검사에 대한 예시를 쓰시오.(6점)

-

-

16 동일한 스트레스일지라도 개인이 받는 스트레스는 각각 다를 수 있다. 직무스트레스 조절변인 3가지를 설명하시오.(6점)

-

-

-

17 육각형 모델과 관련된 해석 차원 중에서 일관성, 변별성, 정체성에 대해 설명하시오.(6점)

-

-

-

18 가상국가 A의 고용동향은 아래와 같다. 물음에 답하시오. (단위 : 천명)(8점)

경제활동인구	비경제활동인구	임금근로자	비임금근로자
350	150	190	140

1) 이 국가의 실업률을 구하시오.

-

2) 경제활동참가율을 구하시오.

-

3) 자영업주가 90천명일 때 무급가족종사자는 최소 얼마인지 구하시오.

-

4) 경제활동가능인구 중 취업자 비율을 구하시오.

-

제1회 모의고사 (해설)

01 직업상담의 목적 5가지를 설명하시오.

- 직업목표를 명확히 한다.
- 올바른 진로계획을 수립하게 한다.
- 합리적인 의사결정 능력을 증진 시킨다.
- 성숙한 직업의식을 확립하게 한다.
- 내담자의 성장과 능력을 향상하게 한다.

02 집단상담의 장점과 단점을 각각 3가지씩 쓰시오.

- 장점
  ① 시간과 비용이 상대적으로 적게 든다.
  ② 개인상담에 비해 부담감이 적다.
  ③ 진로성숙도가 낮은 내담자에게 유리하다.
- 단점
  ① 참여자 개개인 모두에게 만족을 줄 수 없다.
  ② 개인에게 집단의 압력이 가해지면 개성이 상실될 우려가 있다.
  ③ 상담의 비밀보장이 어렵다.

03 의사교류분석(TA)에서 인간의 자아상태 3가지를 쓰시오.

- 부모자아(P)
- 성인자아(A)
- 어린이자아(C)

04 한국표준직업분류의 8차 개정의 주요 내용을 4가지 작성하시오.

- 포스트 코로나에 따른 보건 전문가 및 관련 종사자의 인력 확대 반영
- 저출산·고령화에 따른 사회복지 및 돌봄 인력 수요 반영
- 신생·확대·소멸직업 등 노동시장의 구조 변화 반영
- 직업분류 체제 개선
- 직업분류 개정 수요 반영 등

05 인지·정서·행동적(REBT) 상담의 기본개념인 ABCDE 모델의 의미를 쓰고 설명하시오.

- A 내담자에게 정서적 혼란을 준 선행사건
- B 선행사건에 대한 내담자의 비합리적 신념
- C 부적응적인 정서적·행동적 결과
- D 비합리적 신념에 대한 합리적 논박
- E 비합리적 신념이 합리적인 신념으로 대체된 효과
- F 합리적 신념에서 비롯된 새로운 감정

06 한국직업사전의 작업강도중 빈 칸을 채우시오.

- 아주 가벼운 작업
  : 최고(4)kg의 물건을 들어 올리고 때때로 장부, 소도구 등을 들어올리거나 운반한다.
- 보통 작업
  : 최고(20)kg의 물건을 올리고 (10)kg정도의 물건을 빈번히 들어올리거나 운반한다.
- 힘든 작업
  : 최고(40)kg의 물건을 올리고 (20)kg정도의 물건을 빈번히 들어올리거나 운반한다.

07 최저임금제의 기대효과와 단점을 3가지씩 쓰시오.

- 기대효과(장점)
  ① 경기 활성화
  ② 산업구조의 고도화
  ③ 노사간의 분규 방지
- 단점
  ① 고용 감소 및 실업 증가
  ② 지역 및 업종 간 상대적 불균형
  ③ 노동시장 내에서의 차별
  ④ 소득분배의 역진적 효과

08 상담에서 상담자와 내담자의 대화를 가로 막을 수 있는 상담자의 반응을 3가지만 쓰시오.

- 너무 이른 조언
- 위협적인 표현
- 부적절한 질문
- 과잉행동 : 신체적 행동이 지나침, 말이 너무 빠르거나 고음
- 부적합한 행동 : 부자연스러운 웃음

09 심리검사에서는 선다형이나 예, 아니오 등 객관식 형태의 자기보고형 검사(설문지 형태의 검사지) 가 가장 많이 사용된다. 이런 검사의 정의와 장·단점을 쓰시오.

- 객관적 자기 보고형 검사 정의 : 정형화 되어 있는 검사로 응답자가 정해진 문항에 일정한 형식으로 반응하는 검사를 의미한다.
- 장점
  ① 시행 · 채점 · 해석이 간단하다.
  ② 신뢰도와 타당도가 높다.
  ③ 시행 시간이 짧다.
  ④ 비용 측면에서 경제적이다.
  ⑤ 전문적인 검사자가 필요 없다.
- 단점
  ① 자유로운 자기표현이 불가능하다.
  ② 사회적인 바람직성으로 인한 오류가 생긴다.
  ③ 반응 경향성으로 인한 왜곡 가능성이 있다.

10 검사의 신뢰도란 검사가 얼마나 일관성 있는가를 의미하는 것이다. 심리검사의 신뢰도의 종류와 신뢰도에 영향을 주는 요인 3가지씩 쓰시오.

- 신뢰도 종류
  ① 검사-재검사 신뢰도
  ② 동형 검사 신뢰도
  ③ 반분 신뢰도
- 영향을 주는 요인
  ① 개인차
  ② 문항수
  ③ 검사유형

11 크롬볼츠의 사회학습이론 중 진로선택에 영향을 주는 요인 4가지를 쓰시오.

- 유전적 요인과 특별한 능력 : 개인의 진로기회에 영향을 주는 타고난 특징을 의미한다.
- 환경조건과 사건 : 환경적 상황과 여러 가지 사건들은 진로선택에 영향을 준다.
- 학습경험 : 개인의 강화에 의한 도구적 학습경험을 강조한다.
- 과제접근기술 : 문제해결기술, 작업습관 등의 문제들을 다루는 기술을 의미한다.

12 Super의 발달적 직업상담에서 진단을 위한 3가지 평가(진단)유형을 설명하시오.

- 문제적 평가 : 내담자가 겪고 있는 직업에 대한 어려움과 기대를 평가한다.
- 개인적 평가 : 심리검사, 심층적 대화, 사례연구 등의 자료로 내담자 개인을 평가한다.
- 예언적 평가 : 문제적 평가와 개인적 평가를 바탕으로 내담자가 어떤 직업에서 만족하고 성공할지를 예측한다.

13 직업대안 선택 단계에서 내담자가 달성해야 하는 과제 4가지를 쓰시오.

- 한 가지 선택을 하도록 준비하기
- 직업들을 평가하기
- 직업들 가운데서 한 가지를 선택하기
- 선택의 조건을 고려하기

14 직업적응이론에서 개인이 환경과 상호작용하는 특성을 나타내는 성격적 측면 4가지를 쓰시오.

- 민첩성 : 정확성보다는 빠르게 반응하는 속도 정도를 의미한다.
- 역량 : 활동수준이 높거나 낮은 정도를 의미한다.
- 리듬 : 활동에 대한 다양성을 의미한다.
- 지구력 : 다양한 활동수준의 기간을 의미한다.

15 심리검사는 검사 내용에 따라 능력적인 요소를 측정하는 성능검사와 습관적인 행동경향을 측정하는 성향 검사로 분류할 수 있다. 성능검사와 성향검사에 해당하는 검사명을 각각 3가지씩만 쓰고 각 검사에 대한 예시를 쓰시오.

- 성능검사(인지적 검사)
  ① 지능검사 : K-WAIS
  ② 적성검사 : 일반직업적성검사(GATB)
  ③ 성취도검사 : 학업성취도검사
- 성향검사(정서적 검사)
  ① 성격검사 : MBTI, MMPI, 성격5요인 등
  ② 흥미검사 : 직업선호도검사(VPI), 직업흥미검사 등
  ③ 태도검사 : 직무만족도검사 등

16 동일한 스트레스일지라도 개인이 받는 스트레스는 각각 다를 수 있다. 직무스트레스 조절변인 3가지를 설명하시오.

- 성격유형
  : A유형이 B유형보다 경쟁적이고 성취욕이 높으므로 스트레스를 더 쉽게 받는다.
- 통제의 위치
  : 외재적 통제 유형이 내재적 통제 유형에 비해 더 쉽게 스트레스를 받는다.
- 사회적 지원
  : 가정이나 친구, 직장 상사로부터 정서적, 심리적 지원을 받으면 스트레스가 조절 될 수 있다.

17 육각형 모델과 관련된 해석 차원 중에서 일관성, 변별성, 정체성에 대해 설명하시오.

- 일관성
  : 홀랜드의 육각형 상에서 두 흥미코드가 인접할수록 일관성이 높고,
  일관성이 높을수록 안정적이다.
- 차별성(변별성)
  : 한 개인 유형의 직업적 흥미 특성이 얼마나 뚜렷하게 나타나는가를 알 수 있다.
- 정체성
  : 한 개인과 환경에 대해 갖는 정체성이 얼마나 분명하고 안정되어 있는가를 평가하는 것이다.

18 가상국가 A의 고용동향은 아래와 같다. 물음에 답하시오. (단위 : 천명)

경제활동인구	비경제활동인구	임금근로자	비임금근로자
350	150	190	140

1) 이 국가의 실업률을 구하시오.

- 취업자 = 임금근로자 + 비임금근로자
      = 190천명 + 140천명 = 330천명

- 실업자 = 경제활동인구 - 취업자
      = 350천명 - 330천명
      = 20천명

- 실업률 = $\dfrac{실업자}{경제활동인구}$ × 100 = $\dfrac{20천명}{350천명}$ × 100 = 5.71%

2) 경제활동참가율을 구하시오.

- 경제활동참가율 = $\dfrac{경제활동인구수}{생산가능인구}$ × 100 = $\dfrac{350천명}{500천명}$ × 100 = 70%

3) 자영업주가 90천명일 때 무급가족종사자는 최소 얼마인지 구하시오.

- 비임금근로자 = 자영업주 + 무급가족종사자
  ∴ 140천명 = 90천명 + 무급가족종사자
  ⇨ 무급가족종사자 = 50천명

4) 경제활동가능인구 중 취업자 비율을 구하시오.

- 취업자 비율 = 취업률
- 취업률 = $\dfrac{취업자}{경제활동인구}$ × 100 = $\dfrac{330천명}{350천명}$ × 100 = 4.29%

굿잡! 하지영쌤

직업상담사 2급 실기 기출문제

발행일   2025년 3월 20일(2쇄)

발행처   직업상점

발행인   박유진

편저자   하지영

정 가 33,000원   **ISBN**   979-11-94695-00-4